指向核心素养的
高中物理
问题解决教学设计

（选择性必修二）

主　编　赵惠松

浙江科学技术出版社·杭州

版权所有　侵权必究

图书在版编目（CIP）数据

指向核心素养的高中物理问题解决教学设计：选择性必修二 / 赵惠松主编. -- 杭州：浙江科学技术出版社, 2024. 9. -- ISBN 978-7-5739-1411-8

Ⅰ. G633.72

中国国家版本馆 CIP 数据核字第 2024YA4526 号

书　　名	指向核心素养的高中物理问题解决教学设计（选择性必修二）	
主　　编	赵惠松	

出版发行　浙江科学技术出版社
　　　　　杭州市拱墅区环城北路 177 号　邮政编码：310006
　　　　　办公室电话：0571-85176593
　　　　　销售部电话：0571-85176040

排　　版	杭州万方图书有限公司				
印　　刷	杭州捷派印务有限公司				
开　　本	710mm×1000mm　1/16		印　张	12	
字　　数	180 千字				
版　　次	2024 年 9 月第 1 版		印　次	2024 年 9 月第 1 次印刷	
书　　号	ISBN 978-7-5739-1411-8		定　价	68.00 元	

策划编辑　莫亚元　　　责任编辑　苏亚娟
文字编辑　刘依婷　　　责任校对　张　宁
责任美编　金　晖　　　责任印务　吕　琰

如发现印、装问题，请与承印厂联系。电话：0571-56798200

序

当前,随着教育的不断发展和进步,核心素养的培育已经成为教育改革的重要方向。核心素养是指学生在接受教育过程中逐步形成的,能够适应个人终身发展和社会发展需要的必备品格和关键能力。在物理学科中,核心素养主要包括物理观念、科学思维、科学探究、科学态度与责任等方面,这些核心素养的培育对于学生的未来发展和社会的科技进步都具有重要的意义。

正高级教师、浙江省特级教师赵惠松老师带领其工作室团队长期研究"核心素养课堂实施"和"问题解决能力培养"等关键问题,同时结合一线教学实践,精心编写《指向核心素养的高中物理问题解决教学设计(选择性必修二)》一书,为高中物理新教材的课堂教学提供参考。参与编写团队中有浙江省特级教师、浙江省教坛新秀、省内外各地市名师以及省优质课一等奖获得者,每一份教学设计都有各自的亮点与特色,值得充分借鉴与学习。

本书以人教版《普通高中教科书　物理　选择性必修　第二册》的内容为基础,精心设计教学内容,全面而系统地展现了如何通过科学探究和问题解决的方式习得并运用知识,着力培养学生的批判性思维、创新思维和问题解决能力,提升物理核心素养。

我们知道解决问题是一种复杂的能力,它要求学生能够运用所学的知识、技能和方法,解决实际问题。在物理教学中,真实情境下的问题解决能力的培养是至关重要的,它不仅能够提高学生的思维能力和创新能力,还能够增强学生的自信心和解决问题的能力。本书作者基于学生问题解决的思维活动编写本书的每一个教学设计。

本书作者充分认识到核心素养与问题解决能力之间的内在联系。通过将核心素养的培育贯彻到问题解决的教学设计之中，使学生在解决问题的过程中不断深化对物理概念和规律的理解，同时不断培养科学思维、创新能力和问题解决能力。

更为难能可贵的是，本书作者不仅提供了清晰的教学设计框架，还通过详细的学生分析、任务分解、学生学习路径规划、教学活动实施等环节，为高中物理教师提供了切实可行的操作指南。这种全面的设计理念和实施策略，将为提升高中物理课堂教学质量，以及培养学生的核心素养发挥重要作用。

本书的出版对于推进高中物理教学的改革和创新具有积极意义。它不仅为一线教师提供了宝贵的教学资源，还为教育研究者提供了实践参考。我相信，通过本书的推广和应用，高中物理教学将更加注重学生的全面发展，更加注重培养学生解决问题的能力。

我期待广大读者在使用本书的过程中，能够提出宝贵的意见和建议，共同推动高中物理教学的发展和进步。

2024年1月

目录

第一章　安培力与洛伦兹力　　1

第一节　磁场对通电导线的作用力　　2
第二节　磁场对运动电荷的作用力（一）　　12
第三节　磁场对运动电荷的作用力（二）　　19
第四节　带电粒子在匀强磁场中的运动（一）　　27
第五节　带电粒子在匀强磁场中的运动（二）　　36
第六节　质谱仪与回旋加速器　　44

第二章　电磁感应　　52

第一节　楞次定律　　53
第二节　法拉第电磁感应定律　　64
第三节　涡流、电磁阻尼和电磁驱动　　72
第四节　互感和自感　　86

第三章　交变电流　　92

第一节　交变电流　　94
第二节　交变电流的描述　　103

第三节　变压器	109
第四节　电能的输送	119

第四章　电磁振荡与电磁波　　128

第一节　电磁振荡	130
第二节　电磁场与电磁波	138
第三节　无线电波的发射和接收	146
第四节　电磁波谱	154

第五章　传感器　　159

第一节　认识传感器	160
第二节　常见传感器的工作原理及应用	167
第三节　利用传感器制作简单的自动控制装置	175

第一章
安培力与洛伦兹力

本章的教学设计旨在引导学生深入探究磁场对通电导线及运动电荷的作用力，以及带电粒子在匀强磁场中的运动规律。通过对安培力和洛伦兹力的分析，学生将理解这些力的方向、大小及其与电流、磁场强度和粒子速度的关系。在真实情境下，教师将通过一系列精心设计的任务和实验，激发学生的探究兴趣，培养学生的科学思维和实验探究等核心素养。

在教学过程中，基于问题解决的教学理念，首先通过实验验证通电导线在磁场中受到的力，进而探究安培力的方向与大小，并运用左手定则进行判断。随后，引入洛伦兹力的概念，通过类比安培力，引导学生推导出洛伦兹力的表达式，并在实验中验证其方向和大小。此外，教师还将带领学生讨论带电粒子在匀强磁场中的运动轨迹，通过理论推导和实验验证，让学生掌握匀速圆周运动的半径和周期的计算方法。

本章的教学设计注重理论与实践的结合，帮助学生建立完整的物理概念框架，并将所学知识应用于解决实际问题，如分析质谱仪和回旋加速器的工作原理。这样的教学活动不仅能够提升学生的素养水平，还有助于培养学生对物理学科的热爱和探索精神。

第一节 磁场对通电导线的作用力

一、教学内容与学生分析

磁感应强度在磁场一章乃至整个电磁学中占据重要地位,该内容既是对前面"电流的磁场"的扩展,也为后面学习"磁场对运动电荷的作用"做好铺垫。教材设置了多种探究实验,激发学生思考,探究物理规律,并通过实例分析让学生认识生活中常见现象和科学技术,学会应用物理概念与方法解决实际问题,体现了"从生活走向物理,从物理走向社会"的新课程理念。

通过前面的学习,学生已经掌握了电场、电流的磁场等基础知识,知道关于场的研究方法。学生的抽象思维在逐渐提升,并且有着强烈的探究欲望及浓厚的学习兴趣。学生在八年级学习过电动机的概念,但对引起电动机转动的安培力及其大小和方向的变化规律还不够了解,对探究方法和环节把握也不够成熟,并且学生的思维正处于从形象思维向抽象思维过渡的阶段,因此在教学中,教师可以为学生呈现生动直观的实验现象,列举学生熟悉的生活实例,通过多媒体展示有关现象,以便更好地帮助学生理解所学知识。

二、任务分解

图1.1-1所示为本节教学设计的任务分解流程图。

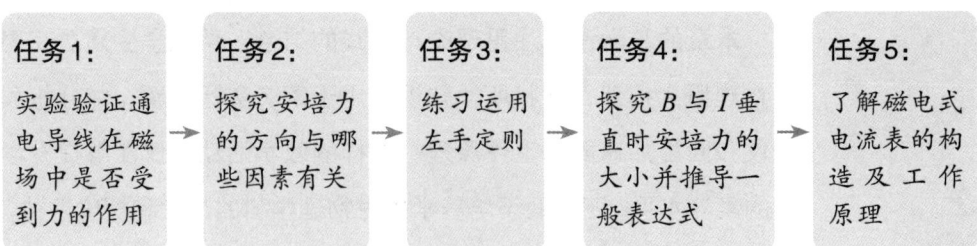

图1.1-1　任务分解流程图

三、学生学习路径

图1.1-2所示为本节教学设计的学生学习路径图。

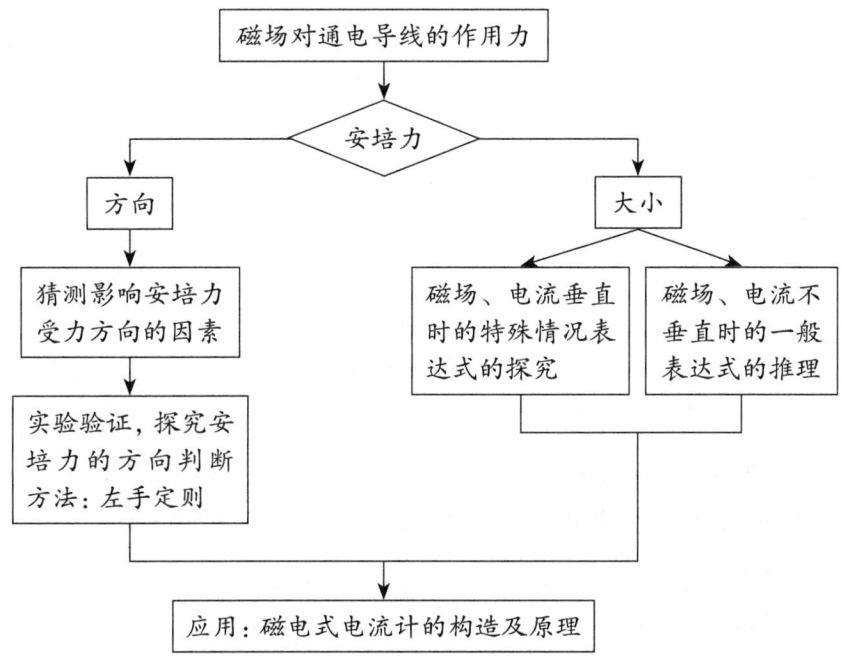

图1.1-2 学生学习路径图

四、教学活动

任务1 实验验证通电导线在磁场中是否受到力的作用

问题情境：展示如图1.1-3所示安培力演示仪器，教师闭合开关，学生观察导体棒是否运动。教师提出表1.1-1所示问题，要求学生回答，培养学生的核心素养。

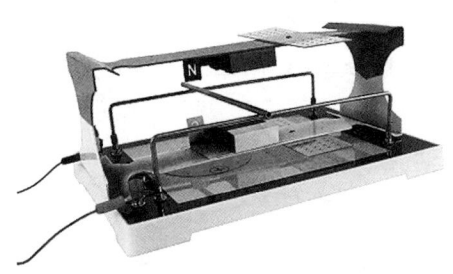

图1.1-3 安培力演示仪器

表1.1-1 任务1中的问题及问题指向的素养目标

问题	问题指向的素养目标
1.闭合开关前导体棒静止在磁场中受到哪些力的作用?	能对比较简单的物理现象进行分析和推理,获得结论(科学思维)
2.闭合开关后导体棒有没有运动?运动的原因是什么?	
3.导体棒受到这个特殊的力需要有什么条件?我们把这种力称为什么力?	通过实验,能认识通电导线在磁场中受到的力叫安培力(物理观念)

教 学 建 议

（1）思维引导建议。闭合开关前导体棒受到重力和支持力的作用,静止在蹄形磁场中,水平方向不受到其他外力。闭合开关通电后导体棒运动起来,说明水平方向受到一定的作用力。结合前面所学知识,让学生知道产生这个力需导体棒通电,且处于磁场环境下。至于具体条件,可以在探究安培力大小的过程中继续深入学习。

（2）教学活动建议。问题1让学生独立回答；问题2、3让学生思考后回答,教师结合受力分析及产生安培力需要的条件进行引导,提出安培力的概念。

任务2 探究安培力的方向与哪些因素有关

问题情境：展示图1.1-3所示实验装置,组装好器材,并进行实验,观察导体棒受力方向。教师提出表1.1-2所示问题,要求学生回答,培养学生的核心素养。

表1.1-2 任务2中的问题及问题指向的素养目标

问题	问题指向的素养目标
1.你能猜测安培力的方向可能与哪些因素有关吗?	能观察教师的演示实验,提出物理问题(科学探究)
2.探究多个影响因素时可用什么实验方法?	能用控制变量法进行实验探究(科学探究)

续表

问题	问题指向的素养目标
3.闭合开关后,导体棒向哪里运动?你能尝试将受力瞬间的磁感应强度方向、电流方向和受力方向画出来吗?	能在观察实验后根据需要画出安培力、电流和磁感应强度三者方向的示意图(科学思维)
4.保持电流方向不变,上下交换磁极的位置以改变磁场的方向,闭合开关后导体棒向哪里运动?你能尝试将受力瞬间的磁感应强度方向、电流方向和受力方向画出来吗?	
5.保持磁场方向不变,改变电流方向,闭合开关后导体棒向哪里运动?你能尝试将受力瞬间的磁感应强度方向、电流方向和受力方向画出来吗?	
6.你能通过自己所画的示意图归纳总结出一定规律吗?	能对实验结果进行分析和推理,得出左手定则的规律(科学思维) 具有安培力与电流方向和磁场方向均垂直的认识(物理观念)

教学建议

(1)思维引导建议。弄清安培力、电流、磁感应强度三者方向的空间关系是本节的难点。教师在教学过程中,着重通过演示实验的结果,引导学生画出安培力、电流、磁感应强度三者方向的示意图,提升学生空间思维能力。教师引导学生懂得安培力方向一定与电流、磁感应强度方向垂直,但电流方向与磁感应强度方向可以成任意角度,为推导安培力大小的一般表达式做好铺垫。介绍左手定则时结合教科书示意图进行示范与讲解。

(2)教学活动建议。问题1、2让学生思考后回答;问题3、4、5让学生独立回答;问题6需要学生讨论后相互进行补充,教师进行适当引导。

任务3 练习运用左手定则

问题情境:展示图1.1-4,运用左手定则判断安培力、电流或磁感应强度的方向。教师提出表1.1-3所示问题,要求学生回答,培养学生的核心素养。

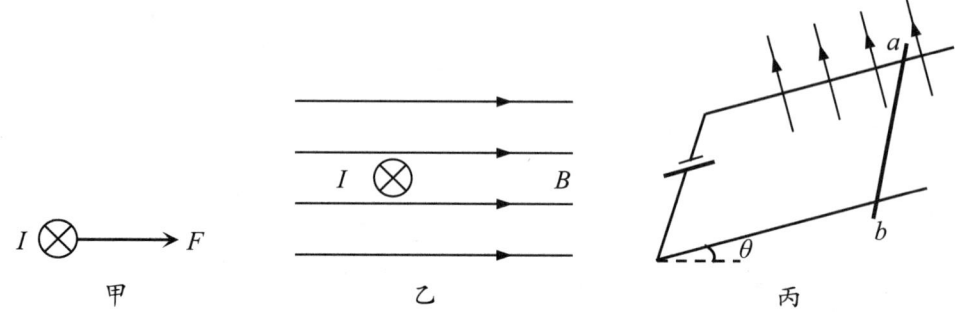

图1.1-4 练习运用左手定则的展示图

表1.1-3 任务3中的问题及问题指向的素养目标

问题	问题指向的素养目标
1. 图1.1-4甲中磁场方向指向哪里？请画出示意图	会用左手定则进行安培力、电流和磁感应强度方向的判断（物理观念）
2. 图1.1-4乙中安培力方向指向哪里？请画出示意图	
3. 图1.1-4丙中安培力方向指向哪里？请画出示意图	

教 学 建 议

（1）思维引导建议。看懂图并运用左手定则求安培力、电流或磁感应强度方向是最基本的要求。在练习使用左手定则时，教师还可结合正视图、俯视图等形式让学生练习。通过一系列的训练，提高学生的空间想象能力，使学生全面而准确地掌握安培力、电流、磁场三者方向的空间关系，熟练运用左手定则。尤其是当电流方向和磁场方向不是垂直状态时的安培力方向判断需要学生进一步提升思维能力。

（2）教学活动建议。问题1、2、3均由学生独立完成。

任务4 探究B与I垂直时安培力大小并推导一般表达式

问题情境1：展示图1.1-5所示实验装置，连接好装置并进行演示实验，为学生提供数据记录表（表1.1-4）进行数据记录及处理。教师提出表1.1-5所示问题，要求学生回答，培养学生的核心素养。

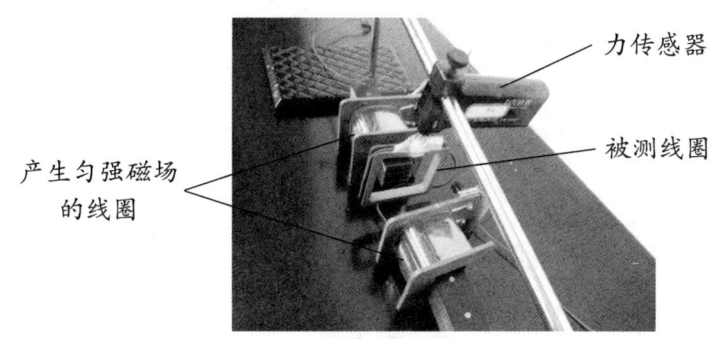

图1.1-5 测量安培力自制教具

表1.1-4 数据记录表

1.保持磁感应强度B与导线长度l不变,探究安培力F与电流I的关系。
I | | | | | F | | | | | 结论:_____
2.保持I与B不变,探究F与l的关系。
l | | | | | F | | | | | 结论:_____
3.保持I与l不变,探究F与B的关系。
B | | | | | F | | | | | 结论:_____

表1.1-5 任务4情境1中的问题及问题指向的素养目标

问题	问题指向的素养目标
1.保持B与l不变,探究F与电流I的关系。请记录数据,并进行数据拟合,你能得出什么结论?	能在他人的帮助下制订验证B与I垂直情况下$F=IlB$的科学探究方案,能分析数据,发现特点,形成结论(科学探究)

续表

问题	问题指向的素养目标
2.保持I与B不变,探究F与l的关系。请记录数据,并进行数据拟合,你能得出什么结论?	能在他人的帮助下制订验证B与I垂直情况下$F=IlB$的科学探究方案,能分析数据,发现特点,形成结论(科学探究)
3.保持I与l不变,探究F与B的关系。请记录数据,并进行数据拟合,你能得出什么结论?	
4.综合上述结论,当B与I垂直时,安培力大小的表达式如何?	
5.当B与I平行时,安培力大小为多少?	具有产生安培力需要B与I垂直分量的观点(物理观念)

教 学 建 议

(1)思维引导建议。在之前的学习中学生已经知道磁感应强度$B=\dfrac{F}{Il}$,在这里作为选修部分可进一步通过传感器帮助学生定量探究电流与磁场垂直时安培力大小的表达式,让学生能够把抽象的表达式具体化,提升对特殊情况下安培力大小表达式的理解。

(2)教学活动建议。问题1、2、3、5均由学生独立完成;问题4由学生讨论完成,教师进行适当的引导和总结。

问题情境2:展示图1.1-6,即通电导线中的电流方向与磁场方向既不垂直也不平行时的情境。教师提出表1.1-6所示问题,要求学生回答,培养学生的核心素养。

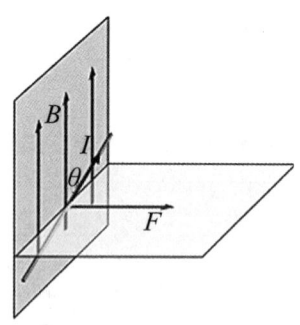

图1.1-6　B与I方向夹角θ时的受力情况

表1.1-6　任务4情境2中的问题及问题指向的素养目标

问题	问题指向的素养目标
1.电流方向与磁场方向既不垂直也不平行时,你可以把哪一个物理量进行分解?能画出示意图吗?	能对磁感应强度B进行矢量分解,并画出分解示意图(科学思维)
2.按照分解后的物理量,哪一部分可以产生安培力,哪一部分不能产生安培力?	知道只有当磁场与电流有垂直分量时才能产生安培力(物理观念)
3.你能根据你的分解情况将安培力大小的表达式写出来吗?	能对示意图进行分析,并推导安培力大小的一般表达式(科学思维)

教学建议

（1）思维引导建议。按照从特殊到一般的思路研究安培力的大小,学生较容易得到电流与磁场方向垂直时$F=IlB$,电流与磁场方向平行时$F=0$,根据矢量分解的等效替代关系推导公式$F=IlB\sin\theta$（推导时可以借鉴电场的叠加和静电力的合成）。推导过程要注意两点:一是要结合课本的立体图,在具体的空间情境下讨论安培力的大小和方向,不要离开具体问题作抽象的数学推理;二是要让学生对推导过程中涉及的科学思想方法(等效替代和从特殊到一般的思维方法)有所体会。

（2）教学活动建议。问题1、2让学生独立思考后回答;问题3让学生小组讨论后回答,教师做好引导。

任务5　了解磁电式电流表的构造及工作原理

问题情境:展示磁电式电流表及其构造图(图1.1-7)。教师提出表1.1-7所示问题,要求学生回答,培养学生的核心素养。

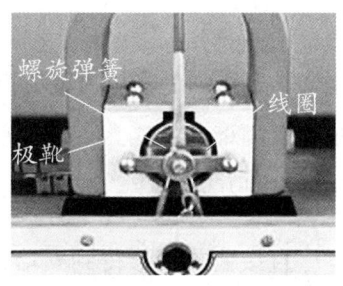

图1.1-7　磁电式电流表及其构造图

表1.1-7　任务5中的问题及问题指向的素养目标

问题	问题指向的素养目标
1.观察磁电式电流表的构造,说一说磁电式电流表由哪些部件组成?	知道磁电式电流表的构造(物理观念)
2.线圈的转动是怎样产生的?	知道线圈通电后因受到安培力而转动(物理观念)
3.线圈为什么不能一直转动下去?	知道指针稳定时安培力与螺旋弹簧平衡的关系(科学思维)
4.为什么指针偏转角度的大小可以说明被测电流的强弱?	
5.如何根据指针偏转的方向来确定电路上电流的方向?	能运用左手定则进行电流方向的判断(物理观念)
6.使用时要特别注意什么?	通过对磁电式电流表的构造及原理的了解,懂得仪器的使用规范(科学态度与责任)

教 学 建 议

（1）思维引导建议。学生已经多次使用电流表，知道它的用途和一些主要参数，有进一步学习磁电式电流表结构及原理的动机和兴趣。教学中应该从观察实物入手，让学生先看清楚磁铁、铝框、线圈、螺旋弹簧、极靴、指针、铁质圆柱等构件，了解它们之中哪些是固定的，哪些是可动的。然后再结合课本进行定性的简要讲述。在工作原理的教学中，可以让学生结合简图进行有无安培力及安培力方向的判断练习，明确工作原理。

（2）教学活动建议。问题1、2让学生独立回答；问题3、4、5、6让学生讨论后回答，教师注意引导。

五、教学设计点评

通常教学设计一般从什么是安培力、安培力的方向和大小、安培力的应用举例等方面引导学生突破学习重点和难点。对于安培力方向问题的突破一般以演示实验现象为基础，让学生总结归纳方向规律。对于安培力大小的问题，基于前面所学磁感应强度表达式 $B=\dfrac{F}{Il}$ 直接公式变形得到安培力大小的特殊表达式，再推广到电流与磁场未垂直时的一般表达式，最后通过磁电式电流表的构造与工作原理的学习，加强应用与巩固。

本节的教学设计突出对学生科学思维、科学探究等素养的培育，通过演示活动展开学生对安培力的认识，基于猜想后进行实验，探究安培力方向的规律，同时设置左手定则的练习活动熟悉方法的运用。通过定量实验设计让学生探究当B垂直于I时安培力大小并推导一般表达式，有效培养学生的证据意识和科学推理、论证能力。

浙江省桐乡市凤鸣高级中学　王精国

第二节 磁场对运动电荷的作用力（一）

一、教学内容与学生分析

本节既是第一节"磁场对通电导线的作用力"的延续，又为后续学习"带电粒子在匀强磁场中的运动"做铺垫，而且在以后的问题中经常会涉及到洛伦兹力与电场力等其他力的综合。本节内容是本章教学重点内容之一，也是近年高考的必考内容。

本节课是落实物理学科核心素养的重要素材。在物理观念上，学生需要知道什么是洛伦兹力，会利用左手定则判断洛伦兹力的方向；在科学思维上，学生要思考如何通过安培力求解洛伦兹力，培养学生的逻辑思维能力；在科学探究上，学生要经历理论推导洛伦兹力大小的过程，通过启发学生主动思考，培养学生的探究能力。

学生已经对安培力有了深刻的认识，掌握了判断安培力方向和计算安培力大小的方法，因此可以用演示实验结合类比，以及"电流的本质是电荷的定向移动"这一事实来突破"判断洛伦兹力方向"这一重点，然后再根据安培力和洛伦兹力的关系推导出洛伦兹力的计算公式。学生对磁场方向、电荷运动方向、洛伦兹力方向三者的立体关系以及宏观与微观联系的理解比较困难，为攻克这一难点，教师可根据学生的具体情况创设问题情境来解决。

二、任务分解

图 1.2-1 所示为本节教学设计的任务分解流程图。

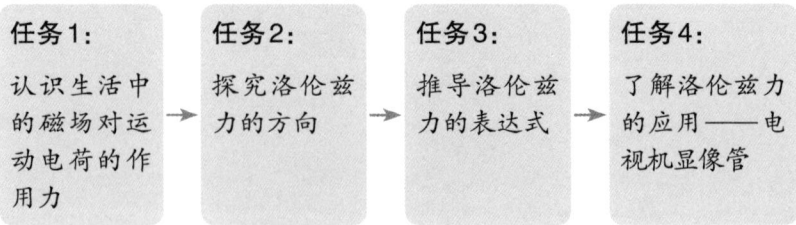

图 1.2-1　任务分解流程图

三、学生学习路径

图1.2-2所示为本节教学设计的学生学习路径图。

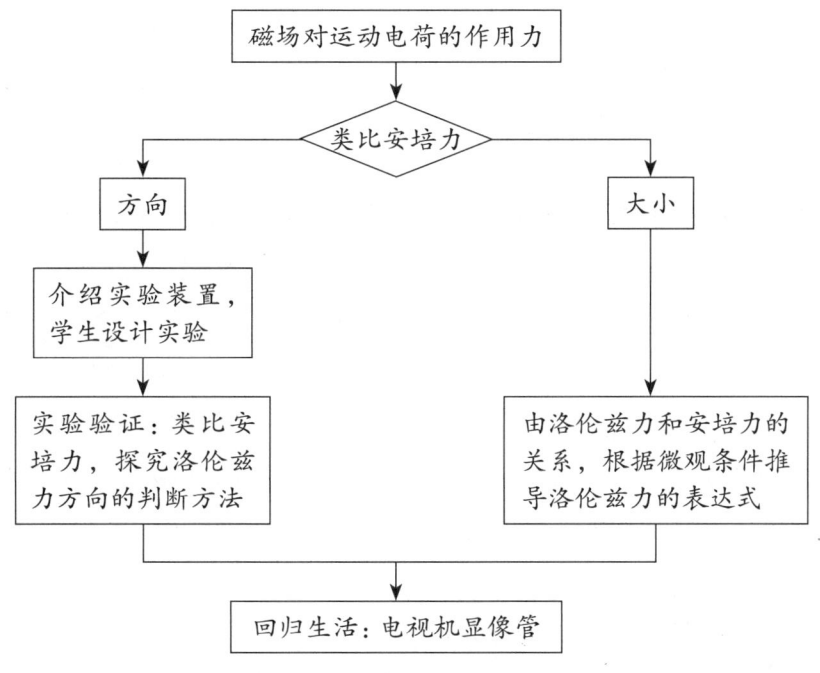

图1.2-2 学生学习路径图

四、教学活动

任务1 认识生活中的磁场对运动电荷的作用力

问题情境：教师播放极光视频（视频截图如图1.2-3所示），提出表1.2-1所示问题，要求学生回答，培养学生的核心素养。

图1.2-3 极光视频截图

表1.2-1　任务1中的问题及问题指向的素养目标

问题	问题指向的素养目标
1.你知道这种美丽的天文现象叫什么吗?	知道带电粒子在地球磁场中运动产生了美丽的极光(物理观念)
2.你知道极光一般出现在什么地方吗?	

教学建议

（1）思维引导建议。问题1、2意在引出带电粒子在地球磁场中运动所产生的现象。

（2）教学活动建议。教师通过播放极光视频引入新课，问题1、2可由"教师提问、学生回答"并结合"教师讲解、学生独立回答、教师补充"的形式开展。关于极光：极光是来自宇宙的高能带电粒子进入大气后，与大气发生作用产生的。为什么来自宇宙的带电粒子会在两极等高纬度地区引起极光，而学校里却看不到极光？这是地球磁场的原因。

任务2　探究洛伦兹力的方向

问题情境1：教师提出表1.2-2所示问题，要求学生回答，培养学生的核心素养。

表1.2-2　任务2情境1中的问题及问题指向的素养目标

问题	问题指向的素养目标
1.磁场对通电导线有力的作用，那么这个力的受力物体是导线本身还是导线中的电流？	
2.既然磁场对电流有力的作用，而电荷的定向移动形成电流，那么磁场对运动电荷是否有力的作用？	通过追寻安培力的形成原因探究安培力和洛伦兹力的关系(科学探究)
3.安培力与洛伦兹力之间存在什么关系？	
4.怎样探究洛伦兹力的方向？	教师介绍、演示实验器材，让学生进行小组讨论并设计实验的记录表格(科学探究)

> **教学建议**
>
> （1）思维引导建议。问题1、2、3目的是让学生明白安培力是洛伦兹力的宏观表现，洛伦兹力是安培力的微观解释。
>
> （2）教学活动建议。问题1、2、3让学生独立回答，在提出问题4时教师先介绍阴极射线管的结构及工作原理：当两个电极按标签上的极性接上高压电源时，阴极会发射出电子。电子束在电场的加速下飞向阳极，穿过狭缝并射到荧光板上，激发出荧光，显示出电子束的径迹。然后再让学生设计实验的记录表格，教师根据学生设计的实验记录表格做演示。

问题情境2：学生观察图1.2-4电子束在磁场中受力偏转的演示实验，教师提出表1.2-3所示问题，要求学生回答，培养学生的核心素养。

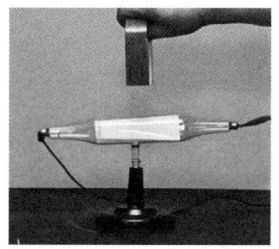

图1.2-4　电子束在磁场中受力偏转的演示实验

表1.2-3　任务2情境2中的问题及问题指向的素养目标

问题	问题指向的素养目标
1.不加磁场，电子束的运动轨迹是怎样的？	初步建立电子束的受力方向与磁场方向的空间关系（科学探究）
2.加某方向磁场，电子束的运动轨迹是怎样的？	
3.改变磁场方向，电子束运动轨迹是怎样的？	
4.根据安培力和洛伦兹力的关系，你认为应如何判断洛伦兹力的方向？	培养学生的联系迁移能力（科学思维）
5.洛伦兹力的瞬时功率是多少？洛伦兹力对运动电荷做功吗？	通过对左手定则的理解，加深洛伦兹力对运动电荷不做功的观念（物理观念）

教 学 建 议

（1）思维引导建议。通过问题1、2、3可以知道洛伦兹力的方向和磁场方向有关，通过学生记录的磁场与电子束的运动方向以及电子束的偏转方向，初步建立三者的空间三维关系，再通过安培力和洛伦兹力的关系类比，可知洛伦兹力的方向也可用左手定则来判断（如图1.2-5），并让学生明确四指在两个力中指向的不同。问题5学生根据$P=Fv\cos\theta$很容易得出结论，并推导出洛伦兹力对运动电荷不做功。

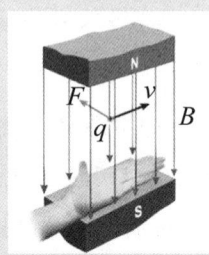

图1.2-5 判断洛伦兹力的方向

（2）教学活动建议。问题1、2、3让学生通过观察实验得出结论并记录；问题4由学生小组讨论后回答，教师引导补充；问题5在问题4的基础上进行扩展延伸。

任务3　推导洛伦兹力的表达式

问题情境：教师提出表1.2-4所示问题，要求学生回答，培养学生的核心素养。

表1.2-4　任务3中的问题及问题指向的素养目标

问题	问题指向的素养目标
1.安培力是洛伦兹力的宏观表现，那么两个力的大小会有关系吗？	引导学生知道两个力大小有关系并思考怎样通过安培力求解洛伦兹力（科学思维）
2.如果已知微观条件，怎样求出洛伦兹力？	通过已知条件推导洛伦兹力的表达式（科学探究）

教 学 建 议

（1）思维引导建议。提出问题2时应用课本"思考与讨论"的逻辑线索进行推导。逻辑线索如下：

①设静止导线中定向运动的带电粒子的速度都是v，单位体积内的粒

子数为 n。算出图 1.2-6 中一段导线中的粒子数，这就是在时间 t 内通过横截面 S 的粒子数。粒子的电荷量记为 q，由此可以算出 q 与电流 I 的关系。

②写出这段长为 vt 的导线所受的安培力 $F_{安}$。

③求出每个粒子所受的力，它等于洛伦兹力 $F_{洛}$。

推导思路：根据安培力是洛伦兹力的宏观表现，即洛伦兹力宏观上表现为安培力。可以由安培力公式推导出洛伦兹力的表达式。

建立模型：长为 l 的通电导线，它受到的安培力除以导线内定向移动的带电粒子数目 n。

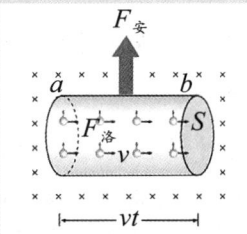

图 1.2-6 运动电荷所受洛伦兹力的矢量和在宏观上的表现

（2）教学活动建议。问题 1 由学生独立思考后回答，教师补充并引导学生通过合力与分力的关系推导出洛伦兹力的表达式；问题 2 教师给出条件，让学生自行推导。

任务4 了解洛伦兹力的应用——电视机显像管

问题情境：教师展示显像管原理示意图（图 1.2-7），提出表 1.2-5 所示问题，要求学生回答，培养学生的核心素养。

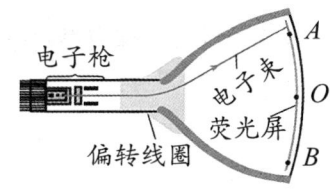

图 1.2-7 显像管原理示意图（俯视图）

表1.2-5　任务4中的问题及问题指向的素养目标

问题	问题指向的素养目标
1.如图1.2-7，要使电子束在水平方向偏离中心，打在荧光屏上的A点，偏转磁场应该沿什么方向？	会用左手定则在具体问题中判断磁场的方向（物理观念）
2.要使电子束打在B点，磁场应该沿什么方向？	
3.要使电子束打在荧光屏上的位置由B点逐渐向A点移动，偏转磁场应该怎样变化？	会用洛伦兹力的大小和方向分析简单的实际问题（物理观念）

教 学 建 议

（1）思维引导建议。问题1、2是左手定则的应用，要让学生都掌握；问题3既要考虑洛伦兹力的大小，还要考虑洛伦兹力方向的变化，要设计好情境，让学生积极思考，并对带电粒子所做的运动进行猜测。

（2）教学活动建议。问题1、2让学生独立回答；问题3涉及偏移量的变化，教师要对学生进行引导。

五、教学设计点评

本节课对安培力的本质进行了深入挖掘。通常设计教学时侧重判断洛伦兹力的方向和计算洛伦兹力的大小，即先复习回顾安培力，提出安培力和洛伦兹力的关系，并以此为出发点开展洛伦兹力的教学。但从指向核心素养的学科教学角度考虑，本节课设计引导学生运用上一节的概念知识，通过问题引导学生思考、提出解决问题的思路、最终解决未知问题，即形成一节以"通过生活中的具体案例提出研究问题，设计解决真实问题的实验解决实际问题，从微观视角推导力的大小，回归生活应用"为主要环节的学科设计探究型物理课堂。

云南省怒江州兰坪县第一中学　胡杰圣

第三节 磁场对运动电荷的作用力(二)

一、教学内容与学生分析

本节课结合安培力知识和电流的产生原因进行分析得出新知识,教材开始就提出了一个问题"磁场对运动电荷有作用力吗?如果有,力的方向和大小又是怎样的呢?"引导学生建立洛伦兹力与安培力的联系。在设计时尤其要注意沿用这种思路,包括判定洛伦兹力的方向,以及推导洛伦兹力的公式。首先通过实验结合理论的方式探究洛伦兹力的方向,再由安培力的表达式推导出洛伦兹力的表达式。这个过程是培养学生逻辑思维能力的好机会,一定要让全体学生都参与这一过程。

通过前面的学习,学生已掌握磁场的基本概念,知道磁场对电流有力的作用,同时明白电荷定向移动形成电流,为本节课的学习奠定了知识基础。学生已经具备一定的观察能力、分析能力和归纳能力,为本节课的学习提供了能力基础。在思维方法方面,学生已有一定的分析、抽象、逻辑思维和数学推导等能力,但缺少对洛伦兹力的生活经验和直观认识,所以教学时要给学生搭好台阶,分解学习难度。

二、任务分解

图1.3-1所示为本节教学设计的任务分解流程图。

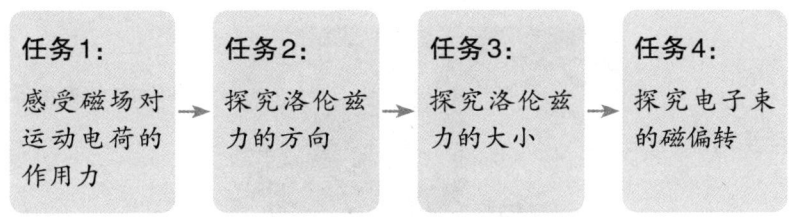

图1.3-1 任务分解流程图

三、学生学习路径

图1.3-2所示为本节教学设计的学生学习路径图。

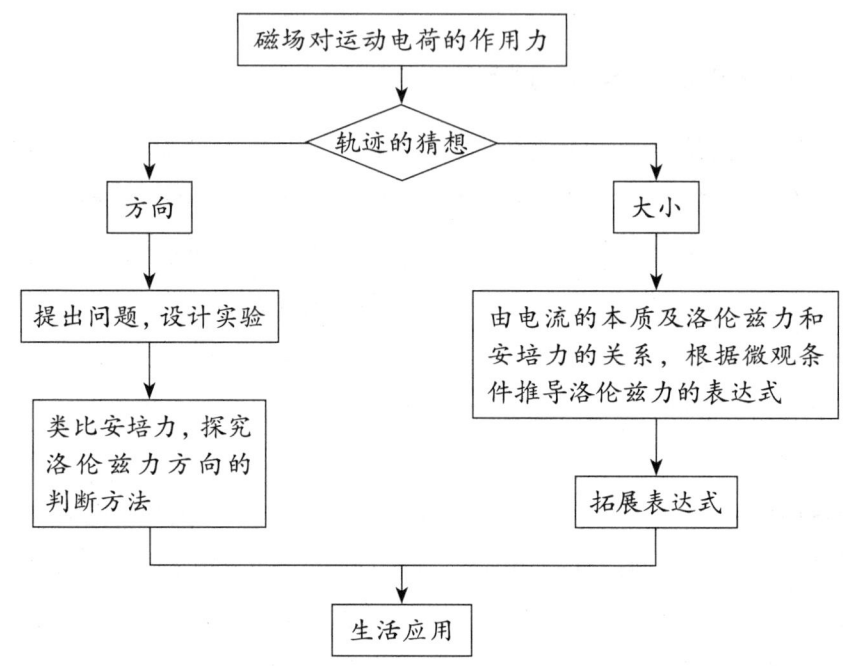

图1.3-2 学生学习路径图

四、教学活动

任务1 感受磁场对运动电荷的作用力

问题情境：教师展示图1.3-3洛伦兹力演示实验所用实验器材，进行实验，提出表1.3-1所示问题，要求学生回答，培养学生的核心素养。

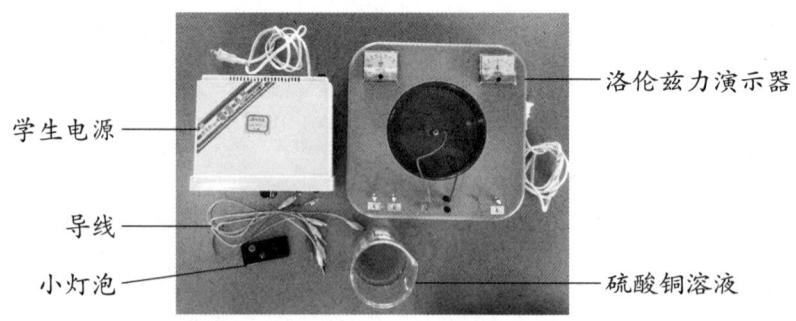

图1.3-3 洛伦兹力演示实验所用实验器材

表1.3-1　任务1中的问题及问题指向的素养目标

问题	问题指向的素养目标
1.加清水时，小灯泡不亮，液体不动，说明什么？加了高浓度硫酸铜溶液后的液体与清水对比有什么不同？	能对比较简单的物理现象进行分析和推理，获得结论（科学思维）
2.加了高浓度的硫酸铜溶液后，小灯泡亮了，电流表也有了读数，电流是怎样形成的？加磁场后，液体旋转起来了，这是为什么？	
3.磁场对运动电荷是否有作用力？我们把这种力称为什么力？	通过实验，知道磁场对运动电荷的力叫作洛伦兹力（物理观念）

> **教　学　建　议**

（1）思维引导建议。水槽中加入清水时，电流表无读数，小灯泡也不亮，说明无电流。液体不动，说明水平方向不受到其他外力。加了高浓度的硫酸铜溶液后，液体中有了较多可以自由移动的电荷，且发生定向移动时，有了电流，小灯泡就亮了。加了磁场后液体旋转起来，说明水平方向受到一定的作用力。结合前面所学知识，学生知道磁场对电流有力的作用，而电荷定向运动形成电流，根据已知的物理结论进行合理推测并提出问题：磁场对电流的作用会不会是对运动电荷作用的宏观体现呢？

（2）实验操作建议。为了便于观察回路中有无电流，除了电流表外，可串联小功率的小电珠；液体旋转现象不易观察，可在液体表面放小纸屑、小船或"旋转木马"等，增加可视度的同时也增加了趣味性，调动学生的学习兴趣。

（3）教学活动建议。问题1让学生独立回答；问题2、3让学生思考后回答，教师结合受力分析及形成电流和安培力需要的条件进行引导，进行合理推测后提出洛伦兹力的概念。

任务2　探究洛伦兹力的方向

问题情境：展示图1.3-4所示实验装置，并组装好器材，进行实验，观察电子束的偏转情况（如图1.3-5、图1.3-6所示）。教师提出表1.3-2所示问题，要求学生回答，培养学生的核心素养。

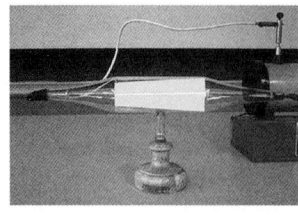

图1.3-4 观察电子束偏转情况的实验装置

图1.3-5 电子束在磁场中发生偏转

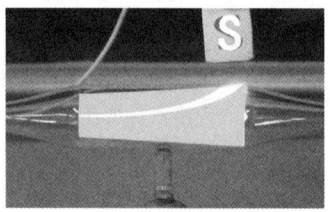

图1.3-6 磁场方向改变，电子束偏转方向也改变

表1.3-2 任务2中的问题及问题指向的素养目标

问题	问题指向的素养目标
1．不给阴极射线添加磁场，观察到的电子束轨迹是什么形状？	能观察教师的演示实验，提出物理问题（科学探究）
2．有什么方法可以让电子束发生偏转？	
3．要让电子束上下偏转，应在什么方向上加磁场？	
4．将条形磁铁的一端靠近阴极射线管，观察到的电子束轨迹有什么变化？改变磁场方向，电子束怎么运动？这说明了什么？	能对比较简单的物理现象进行分析和推理，获得结论（科学思维）
5．为什么会产生这个力？安培力和洛伦兹力会是怎样的关系？	能通过观察电子束偏转方向的实验现象印证理论分析的正确性（科学探究）
6．正负电荷的运动方向与电流方向有什么关系？	
7．既然安培力是洛伦兹力的宏观表现，你能根据安培力方向的判定方法来总结洛伦兹力方向的规律吗？	能对实验结果进行分析和推理，得出左手定则的规律（科学思维）

> **教学建议**
>
> （1）思维引导建议。学生在学习洛伦兹力前已经学习了电场力、安培力，也熟悉电场能够使运动电荷发生偏转，学生可以很容易根据"加电场可以让电子束偏转"这一事实猜想"加磁场行不行"，此时，如果猜想加

磁场可以使电子束偏转,势必带来验证猜想的需要和演示实验的需要。通过回忆正负电荷的运动方向与电流方向的关系和安培力方向判定的方法,可以有效地总结出洛伦兹力方向的规律。

(2)教学活动建议。问题1、6分别为直接观察现象和回忆知识,可让学生直接回答;问题2让学生独立思考后回答;问题3、4、5、7,可以先让学生小组讨论,再派代表回答,教师对学生的回答予以点评。

任务3　探究洛伦兹力的大小

问题情境1:如图1.3-7所示,若有一段长为l,横截面积为S的直导线,单位体积内的自由电荷数为n,每个自由电荷的电荷量为q,自由电荷定向移动的速度为v。现将这段通电导线垂直磁场方向放入磁感应强度为B的匀强磁场中。教师提出表1.3-3所示问题,要求学生回答,培养学生的核心素养。

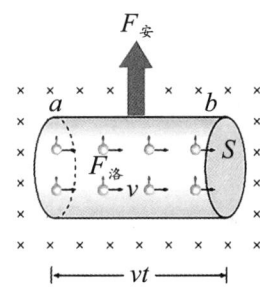

图1.3-7　运动电荷所受洛伦兹力的矢量和在宏观上的表现

表1.3-3　任务3情境1中的问题及问题指向的素养目标

问题	问题指向的素养目标
1.电流的微观表达式怎样写?	理解安培力与洛伦兹力的关联性(物理观念) 能依据电流的微观表达式、安培力表达式推导出洛伦兹力的表达式(科学思维)
2.这段直导线所受的安培力$F_安$为多少?	
3.这段直导线自由电荷总数为多少?	
4.一个自由电荷受到的洛伦兹力为多大?	

教学建议

(1)思维引导建议。根据安培力是洛伦兹力的宏观表现,使学生认识到洛伦兹力的总和就是安培力的大小,即洛伦兹力等于安培力除以电荷总数,故可由安培力的表达式推导出洛伦兹力的表达式,体会模型建构与演绎推理的方法。

(2)教学活动建议。问题1、2、3、4均可以让学生独立思考后回答,教师对学生的回答予以点评。

问题情境2:展示图1.3-8所示电荷的运动方向 v 与磁场方向 B 不垂直的情境。教师提出表1.3-4所示问题,要求学生回答,培养学生的核心素养。

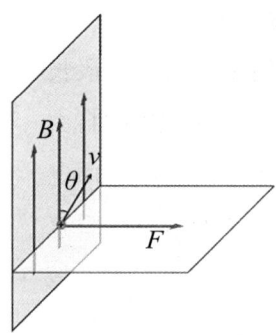

图1.3-8　v 与 B 不垂直的情境

表1.3-4　任务3情境2中的问题及问题指向的素养目标

问题	问题指向的素养目标
1.电荷的运动方向与磁场方向不垂直时,你可以把哪些物理量进行分解?能画出示意图吗?	能对磁感应强度 B 或速度 v 进行矢量分解,并画出分解示意图(科学思维)
2.按照分解后的物理量,哪一部分可以产生洛伦兹力,哪一部分不能产生洛伦兹力?	知道只有当磁场与电荷的运动方向有垂直分量时才能产生洛伦兹力(物理观念)
3.你能根据你的分解情况将洛伦兹力大小的表达式写出来吗?	能对示意图进行分析,并推导出洛伦兹力大小的一般表达式(科学思维)

教学建议

(1)思维引导建议。按照从特殊到一般的思路研究洛伦兹力的大小,学生已经知道电荷运动方向与磁场方向垂直时 $F=qvB$,根据矢量分解的等效替代关系推导公式 $F=qvB\sin\theta$,推导过程要结合课本的立体图,在具体的空间情境下讨论洛伦兹力的大小和方向,不要离开具体问题做抽象的数学推理。对推导过程中涉及的科学思想方法(等效替代和从特殊到一般的思维方法)要有所体会。

(2)教学活动建议。因上节课学生已经推导过安培力的一般表达式,对此思维过程已有体验,故问题1、2、3让学生独立思考后回答。

任务4 探究电子束的磁偏转

问题情境:展示显像管电视机(图1.3-9)及显像管原理俯视示意图(图1.3-10)。教师提出表1.3-5所示问题,要求学生回答,培养学生的核心素养。

图1.3-9 显像管电视机

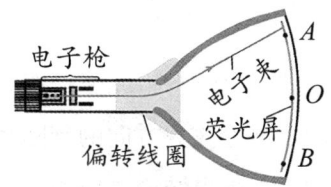
图1.3-10 显像管原理俯视示意图

表1.3-5 任务4中的问题及问题指向的素养目标

问题	问题指向的素养目标
1.图1.3-10是旧式电视机显像管原理的俯视示意图。若没有磁场,电子束会打在荧光屏上的什么位置?	知道电荷不受外力时做匀速直线运动(物理观念)
2.要使电子束打在荧光屏上的A点,偏转磁场应该沿什么方向?	能在显像管原理示意图情境中根据需要选用磁偏转模型解决物理问题(科学思维) 能根据洛伦兹力方向和大小规律进行分析和推理,获得结论(科学思维)
3.要使电子束打在荧光屏上的B点,偏转磁场应该沿什么方向?	
4.要使电子束打在荧光屏上的位置由A点逐渐向B点移动,偏转线圈产生的磁场应该怎样变化?	

> **教学建议**
>
> （1）思维引导建议。这部分内容体现了物理知识与科学技术的联系，判断电子束的偏转方向实际上是左手定则的具体应用，判断时要求学生把左手放在图上，弄清磁场的方向和磁场的变化。由于运动的是电子，学生可能会判断失误，刚好可以利用这一情境强调左手的四指方向应该和正电荷的运动方向一致，与负电荷的运动方向相反。
>
> （2）教学活动建议。问题1让学生根据已有的经验直接回答；问题2、3让学生独立思考后回答；问题4要求学生依据获得的结论进行分析判断，让学生小组讨论后回答。

五、教学设计点评

本节内容结合电流产生原因来探究安培力的本质，从而引出洛伦兹力。教学设计时往往侧重洛伦兹力方向的判断和大小的计算，即通常教学中会关注"情景观察、分析讲解、得出结论、应用巩固"的教学流程，从指向核心素养的学科实践教学角度考虑，有所欠缺。

本教学设计让学生应用前概念知识，运用物理学科思想，整合思维过程，通过分析、设计、探究等方式，解决真实情境中的问题，形成一节以"设置问题情境、提出研究问题、设计探究方案、得出物理规律"为主要环节的物理课堂。通过对洛伦兹力方向的感受和探究，将原本较为抽象、枯燥的思维转化为生动活泼的学习体验，让学生在实验探究中获得知识的提升与能力的发展。又让学生应用安培力和洛伦兹力的关系，科学地推导洛伦兹力的公式，促进学生形成严谨的科学思维，培养了学生的科学态度与责任，将核心素养的培育落到实处。

浙江省海宁中学　余国明

第四节　带电粒子在匀强磁场中的运动（一）

一、教学内容与学生分析

带电粒子在匀强磁场中的运动是匀速圆周运动模型在微观世界的简单应用。带电粒子在匀强磁场中的匀速圆周运动的研究方法有助于引导学生研究微观世界，为理解质谱仪、回旋加速器等现代科学仪器在社会生产中的应用作铺垫。在经历解决粒子实际运动的时空问题的过程中，唤醒学生的好奇心，激发学生探求科学本质的求知欲。

学生运用洛伦兹力和向心力的有关知识去认识带电粒子在匀强磁场中的运动规律，采用理论与实践相结合的研究方法，体会用已有知识获取新知识的乐趣。通过设置情境，构建学生认知，再要求学生运用理论与实际相结合的方法求解运动的时空关系，培养学生综合运用力学知识和电学知识解决问题的能力。

二、任务分解

图1.4-1所示为本节教学设计的任务分解流程图。

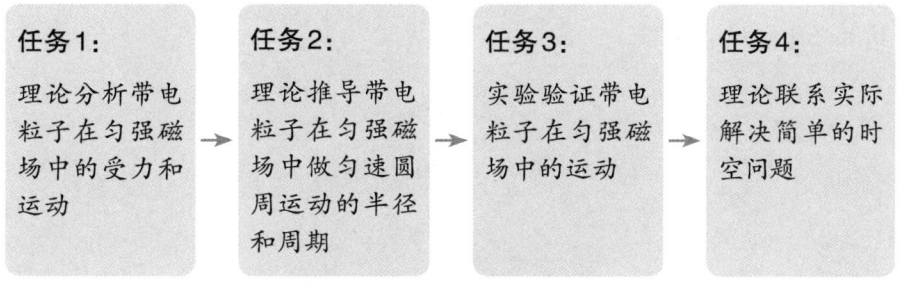

图1.4-1　任务分解流程图

三、学生学习路径

图1.4-2所示为本节教学设计的学生学习路径图。

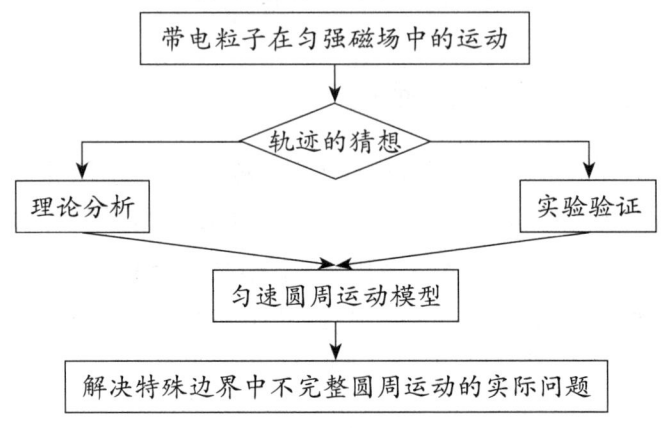

图1.4-2　学生学习路径图

四、教学活动

任务1　**理论分析带电粒子在匀强磁场中的受力和运动**

问题情境：在现代科学技术中，常常要研究带电粒子在磁场中的运动。如图1.4-3，如果沿着与磁场垂直的方向发射一束质子，试猜想这束质子在匀强磁场中的运动径迹，你猜想的依据是什么？教师提出表1.4-1所示问题，要求学生回答，培养学生的核心素养。

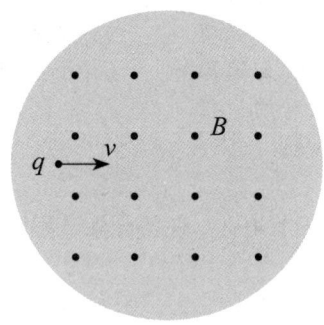

图1.4-3　沿与磁场垂直方向发射一束质子

表1.4-1 任务1中的问题及问题指向的素养目标

问题	问题指向的素养目标
1.在图1.4-3中画出质子在匀强磁场中的受力，猜想运动轨迹	知道粒子的运动轨迹在垂直于磁场的平面内是曲线（物理观念）
2.带电粒子受到哪些力？这些力是恒力还是变力？查阅资料得到，质子质量为$1.67×10^{-27}$kg、电荷量为$1.6×10^{-19}$C，若质子以$5×10^5$m/s的初速度沿与磁场垂直的方向射入磁感应强度为0.2T的匀强磁场。请计算质子受力的合力大小	知道分析带电粒子的运动需要忽略重力的作用（科学思维）
3.分析质子受到的洛伦兹力的作用效果	知道洛伦兹力的作用只改变运动速度的方向，不改变速度的大小（物理观念）
4.如图1.4-4，质子垂直入射无边界的匀强磁场做什么运动？并猜想轨迹	知道带电粒子在匀强磁场中做匀速圆周运动，由洛伦兹力提供向心力（物理观念）
5.如果质子是平行于磁场入射呢？运动的带电粒子的动能是否变化？洛伦兹力对带电粒子做功吗？	巩固洛伦兹力永远不做功的概念（物理观念）

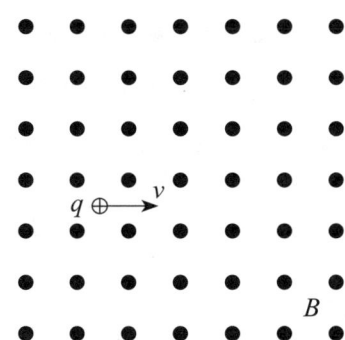

图1.4-4 质子垂直入射无边界的匀强磁场

教 学 建 议

（1）思维引导建议。通过引导学生利用曲线运动的物理知识画轨迹，复习曲线运动的轨迹与受力和速度的关系。从画入手，修改，再修改，最终明确圆周轨迹。

（2）教学活动建议。教师让学生独立思考，画轨迹。从重力和洛伦兹力共同作用下的平面曲线轨迹，过渡到只有洛伦兹力作用下的部分曲线运动,再到无边界磁场作用下匀速圆周运动的完整圆周轨迹。在不断修改完善轨迹的过程中,学生明确带电粒子在匀强磁场中做匀速圆周运动,轨迹是圆周曲线。

任务2 理论推导带电粒子在匀强磁场中做匀速圆周运动的半径和周期

问题情境:如图1.4-5,质量为m、电荷量为$q(q>0)$的带电粒子以速度v垂直射入方向垂直纸面向外的匀强磁场中,磁场的磁感应强度为B,带电粒子在磁场中做匀速圆周运动。教师提出表1.4-2所示问题,要求学生回答,培养学生的核心素养。

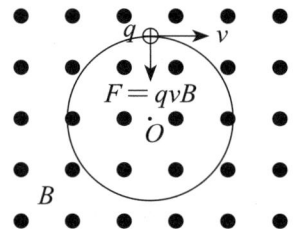

图1.4-5 带电粒子在匀强磁场中做匀速圆周运动

表1.4-2 任务2中的问题及问题指向的素养目标

问题	问题指向的素养目标
1.求带电粒子圆周运动的半径,可以用什么规律?	准确运用匀速圆周运动的动力学规律推导圆周运动半径的表达式(科学思维)
2.求匀速圆周运动的周期	推导带电粒子在匀强磁场中圆周运动周期的两种表达式,知道周期与速度无关,由B、q/m决定(物理观念) 理解影响圆周运动半径和周期因素的区别和联系(科学思维)
3.圆周运动半径的决定因素有哪些?	
4.圆周运动周期的决定因素有哪些?	
5.若增大带电粒子的入射速度,粒子圆周运动的半径和周期如何变化?	学会分析运动速度对时空的影响(科学思维)

教学建议

（1）思维引导建议。首先启发学生运用匀速圆周运动规律解决带电粒子在匀强磁场中运动的实际问题。半径大小决定空间轨迹的大小，周期大小决定时间的长短。其次，通过比较用动力学和运动学求解周期的优劣，启发学生在多种方法可选时注意优选。最后通过分析速度对时空的影响，为下一步进行实验验证作铺垫。

（2）教学活动建议。从定性到定量计算，注重让学生独立思考。对问题4，在学生有不同思路的情况下，要求学生小组讨论，教师适当引导。

任务3　实验验证带电粒子在匀强磁场中的运动

问题情境：图1.4-6甲、乙、丙分别是洛伦兹力演示仪所用电源、实物图，以及演示仪部分结构的示意图。电子枪可以发射电子束，玻璃泡内充有稀薄的气体，在电子束通过时能够显示电子的径迹。励磁线圈中通入电流后能够在两个线圈之间产生匀强磁场，磁场的方向与两个线圈中心的连线平行。图1.4-7是励磁线圈不通电时电子束的径迹（图中白色亮直线），图1.4-8是励磁线圈通电时电子束的径迹（图中白色弧形亮线）。教师提出表1.4-3所示问题，要求学生回答，培养学生的核心素养。

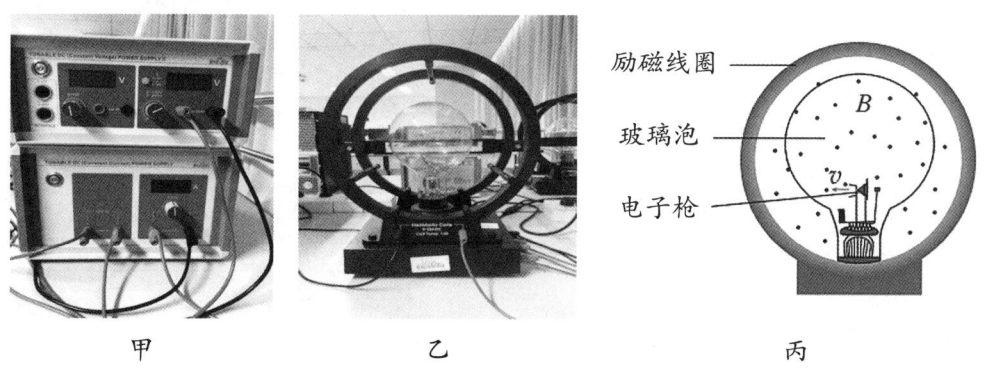

图1.4-6　洛伦兹力演示仪电源（甲）、实物图（乙）及部分结构示意图（丙）

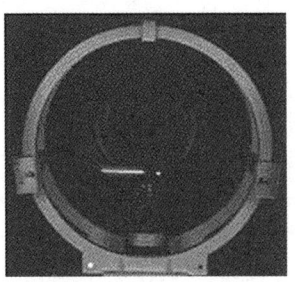 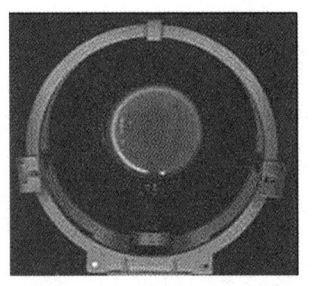

图 1.4-7　励磁线圈不通电时电子束的径迹（图中白色亮直线）　　图 1.4-8　励磁线圈通电时电子束的径迹（图中白色弧形亮线）

表 1.4-3　任务 3 中的问题及问题指向的素养目标

问题	问题指向的素养目标
1. 洛伦兹力演示仪（图 1.4-6 乙）中电子枪和前后两个励磁线圈、加速电压的作用分别是什么？	了解仪器的工作原理：电子枪产生电子并通过加速电场加速后电子射出；知道两个相同通电线圈能产生匀强磁场（物理观念）
2. 演示仪中充有稀薄的气体——低压的水银蒸气，你知道它的作用吗？	电子束与低压水银蒸气作用可使其发出辉光，从而显示电子的运动径迹（科学探究）
3. 当励磁线圈不通电时，电子束的运动轨迹是一条直线，你能分析电子的受力和运动情况吗？	验证电子束在没有磁场情况下做直线运动，体会重力对微观粒子运动的影响很小（物理观念）
4. 两励磁线圈通同样的电流，电子束的运动轨迹是圆周，此结果与理论分析一致吗？	验证电子束在匀强磁场中垂直入射的情况下做匀速圆周运动（科学探究）
5. 若增大励磁线圈的电流强度，试猜想电子束在磁场中的运动轨迹又会发生怎样的变化？励磁线圈中电流的绕向是顺时针还是逆时针？	会根据理论的半径公式解释实验现象，进一步理解决定圆周运动半径的因素（科学思维）能运用左手定则和安培定则分析问题（科学思维）
6. 若增大电子枪的加速电压，试猜想电子束在磁场中的运动轨迹会发生怎样的变化？若增大一倍，观察轨迹变化	从定性验证到定量验证，明确加速电压、速度、半径的综合关系（科学思维）

教 学 建 议

（1）思维引导建议。引导学生经历从猜想到理论推导再到实验验证的科学探究过程。通过理论分析得出垂直磁场射入的带电粒子在匀强磁场中做圆周运动的结论,并分析时空特征,再通过实验验证,观察到实验现象与理论分析一致。

(2)实验操作建议。因可视性很低,建议教师关闭教室灯光,演示实验可结合摄像头、视频等多媒体方式,确保学生能有完整的实验体验。

(3)教学活动建议。问题1、2是帮助学生观察理解仪器的功能,建议学生小组讨论后回答;问题3、4是关键的实验现象,需要学生独立思考后回答,教师对学生的回答予以点评;问题5、6是讨论各物理量对运动空间的影响,培养学生的时空观念,可以让学生先猜想、讨论、理论推导,然后再实验验证,调动学生学习的积极性。

任务4 理论联系实际解决简单的时空问题

问题情境1:如图1.4-9所示,一个质量为m、电荷量为q、不计重力的带负电粒子从y轴上的P点以速度v平行x轴射入第一象限内的匀强磁场中。已知$OP=a$。匀强磁场的磁感应强度B有多大?

问题情境2:如图1.4-10所示,一个质量为m、电荷量为q、不计重力的带负电粒子从y轴上的P点以速度v平行x轴射入第一象限内的匀强磁场中,已知$OP=a$,该粒子沿与x轴成120°角的方向射出第一象限,求带电粒子在磁场中运动的时间和位移。

教师提出表1.4-4所示问题,要求学生回答,培养学生的核心素养。

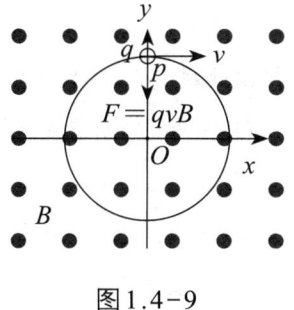

图1.4-9

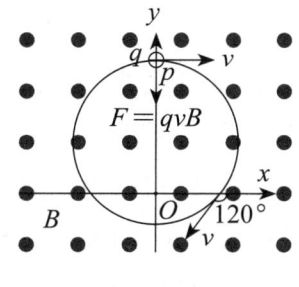

图1.4-10

表1-4-4 任务4中的问题及问题指向的素养目标

问题	问题指向的素养目标
1.匀强磁场的磁感应强度B有多大?	知道建立匀速圆周运动模型,利用理论推导匀速圆周运动的半径公式和空间几何关系,求解相关物理量:B、v、q/m(科学思维)
2.带电粒子在磁场中运动的周期为多少?	知道建立匀速圆周运动模型,能够选择最优方式求解周期(科学思维)
3.如图1.4-11,若匀强磁场只存在于y轴右侧,求带电粒子在磁场中运动的时间和位移	利用理论周期公式和实际空间几何关系,求解带电粒子在磁场中运动的时间和位移(科学思维)形成空间和时间观念(物理观念)
4.如图1.4-12,若匀强磁场只存在于第一象限,求带电粒子在磁场中运动的时间和位移	根据空间几何关系,会用周期公式和比例思想求解运动时间和位移(科学思维)
5.如图1.4-10,粒子以速度v沿与x轴成$120°$角的方向射出第一象限,求粒子在磁场中运动的时间和位移	会用左手定则确定圆周运动的圆心,初步归纳求解半径和时间的一般方法(科学思维)

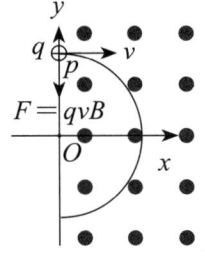

图1.4-11

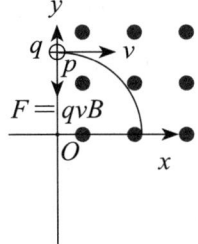

图1.4-12

教 学 建 议

(1)思维引导建议。教师通过和学生一起画轨迹,强调半径和速度方向的空间关系,半径和轨迹的角度关系,逐步引导学生分析带电粒子在匀强磁场中运动的一般方法:首先根据左手定则确定圆心,画半径,画出轨迹;然后通过空间几何关系求得半径,确定运动位移;最后,根据轨迹圆心角求得运动时间。通过问题1~5的设置,引导学生养成作图习惯,养成完整圆轨迹和部分圆轨迹的比例意识。

(2)教学活动建议。问题1、2学生相对容易解答，教师帮助学生建立理论半径和实际半径相结合的解题思路，对解题规范加以说明；对问题3、4，教师可让学生分组作答，然后集体分析，教师点评理论周期和实际时间的比例特点；对问题5，教师应给予学生足够的时间，独立思考，完整体验作图画轨迹、求解带电粒子在匀强磁场中运动的实际问题的过程，教师要严格规范解答过程。

五、教学设计点评

本节课是牛顿运动定律在磁场中的综合应用，通常的教学设计侧重于匀速圆周运动的半径和周期的求解，即先得到运动结论，再分析运动情况，然后以时空的数形结合分析解决问题为主要的教学流程。从指向核心素养的学科教学角度考虑，应当通过问题引导学生猜想、分析、理论探究、实验验证、修正结论，最终解决问题，即形成一节以"在真实情境中关注运动、去繁就简提炼受力模型、理论和实验结合验证运动模型、设计解决实际问题"为主要环节的学科设计探究型精彩课堂。

本教学设计的重点是对带电粒子垂直射入匀强磁场中做匀速圆周运动的模型建构。先让学生通过图像猜想运动的可能，引导学生通过带电粒子受到洛伦兹力的作用特点进行理论探究，再通过实验进行验证。这样处理可以使学生在运动与相互作用观、科学推理、科学探究等多方面协同发展。通过已知的匀速圆周运动的知识，推导出运动的半径公式和周期公式，结合数学几何关系，解决带电粒子在匀强磁场中运动的时空问题，培养学生的时空观。

浙江省桐乡市凤鸣高级中学　邓艾

第五节　带电粒子在匀强磁场中的运动（二）

一、教学内容与学生分析

本节课在本章内容中的作用是承上启下的，它既是洛伦兹力知识的具体应用，又是学习质谱仪和回旋加速器的基础。在物理观念上，学生需掌握洛伦兹力的概念、洛伦兹力是圆周运动向心力的来源、圆周运动半径和周期的规律；在科学思维上，在力和运动分析的基础上引导学生建构带电粒子做匀速圆周运动的模型，据此模型，可以进一步培养学生的科学推理、科学论证和质疑创新的素养。

学生在高中物理必修二的学习过程中已经具备了匀速圆周运动、向心力的基础知识，在上一节学习了洛伦兹力，学生对于建构带电粒子在匀强磁场中做匀速圆周运动的模型，其实并不难，但对带电粒子在匀强磁场中运动的半径和周期的求解存在困难，尤其对归纳解决此类问题的一般方法难度更大，通过设置问题链可有效帮助学生解决问题，新课教学时教师一定要重视对学生画轨迹图的良好习惯的培养。

二、任务分解

图1.5-1所示为本节教学设计的任务分解流程图。

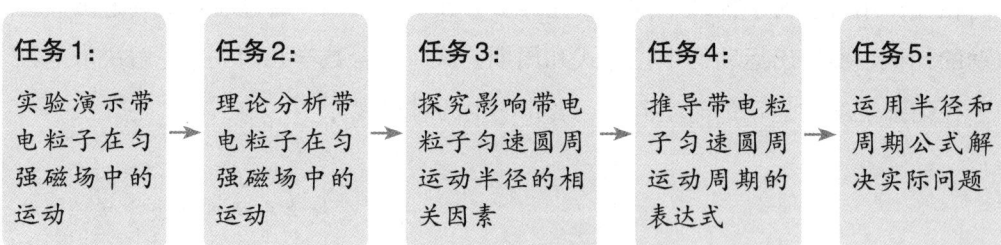

图1.5-1　任务分解流程图

三、学生学习路径

图1.5-2所示为本节教学设计的学生学习路径图。

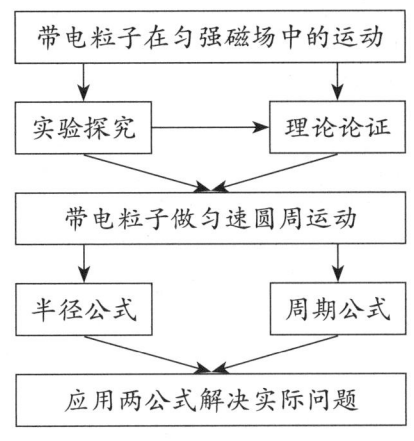

图1.5-2 学生学习路径图

四、教学活动

任务1 实验演示带电粒子在匀强磁场中的运动

问题情境：

（1）如图1.5-3所示，此装置是研究带电粒子在匀强磁场中运动的仪器——洛伦兹力演示仪。

（2）如图1.5-4所示，当励磁线圈不通电时，电子束沿直线运动（亮直线）。

（3）如图1.5-5所示，当励磁线圈通电时，电子束沿圆周轨道运动（弧形亮线）。

教师提出表1.5-1所示问题，要求学生回答，培养学生的核心素养。

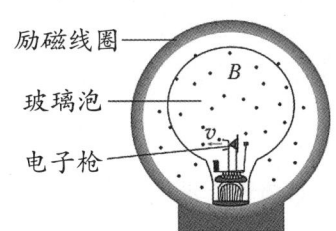

图1.5-3 洛伦兹力演示仪示意图

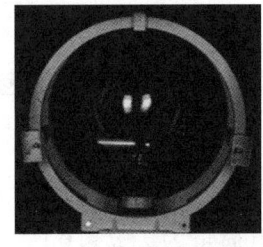

图1.5-4 励磁线圈不通电时电子束沿直线运动

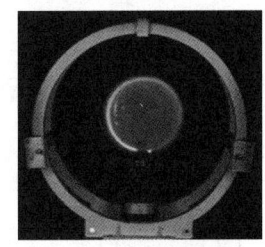

图1.5-5 励磁线圈通电时电子束沿圆周轨道运动

表1.5-1　任务1中的问题及问题指向的素养目标

问题	问题指向的素养目标
1.洛伦兹力演示仪中电子枪和前后两个励磁线圈的作用分别是什么？	了解仪器的工作原理；知道两个相同通电线圈在一定条件下能产生匀强磁场（科学思维）
2.在演示仪中充有稀薄的气体——低压的水银蒸气，你知道它的作用吗？	
3.图1.5-4中，当励磁线圈不通电时，电子束是一条直线，你能分析电子的受力和运动情况吗？	能够通过电子束在没有磁场情况下做直线运动的现象，体会重力对微观粒子运动的影响很小（物理观念）
4.图1.5-5中，两励磁线圈通以同样的电流，电子束的运动轨迹是圆周，为什么？	能从电子束受力和运动的视角分析实验现象（科学思维）

教　学　建　议

（1）思维引导建议。科学探究常常要经历从现象到本质的过程，带电粒子做什么运动，关键由其受力和初始运动情况决定，通过设置问题链帮助学生形成这一类问题的物理观念。

（2）实验操作建议。因学生对此仪器不太了解，建议采用教师演示的方式。演示时需拉上窗帘，关闭灯光，可用摄像、投影等方式增加实验的可视性。

（3）教学活动建议。问题1、2建议学生间相互交流后作答，教师对励磁线圈作补充说明；问题3可以让学生独立思考后回答，教师对是否考虑带电粒子重力这一问题作补充说明；问题4可以让学生独立思考后回答，其他同学补充说明。

任务2　理论分析带电粒子在匀强磁场中的运动

问题情境：

（1）展示图1.5-6，光滑水平面内在轻绳约束下做匀速圆周运动的小球。

（2）展示图1.5-7，一个电荷量为$q(q<0)$的带电粒子以速度v垂直射入磁感应强度为B的匀强磁场中（粒子的重力不计）。

教师提出表1.5-2所示问题，要求学生回答，培养学生的核心素养。

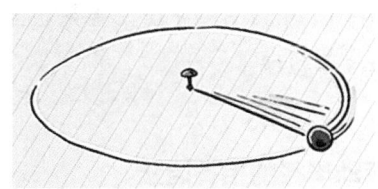
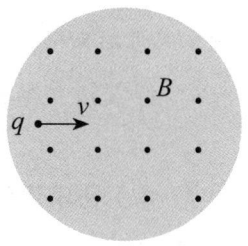

图1.5-6　做匀速圆周运动的小球　　图1.5-7　带电粒子垂直射入匀强磁场

表1.5-2　任务2中的问题及问题指向的素养目标

问题	问题指向的素养目标
1.小球所受的向心力是由什么力提供的？此力是恒力还是变力？	知道做匀速圆周运动的物体所受的向心力是变力，它仅改变速度的方向，不改变速度的大小（物理观念）
2.绳子拉力始终和小球运动速度垂直，拉力对小球的速度有何影响？	
3.图1.5-7中带电粒子受到什么力？力的大小如何？	理解此情境中洛伦兹力是大小不变、方向变化的变力，洛伦兹力始终与粒子运动速度方向垂直，它仅改变速度的方向，不改变速度的大小（物理观念）
4.洛伦兹力与带电粒子速度方向有何关系？它对带电粒子的运动速度有何影响？	
5.垂直磁场方向射入匀强磁场的带电粒子仅在洛伦兹力的作用下做什么运动？	会用类比迁移的思想方法得出带电粒子在洛伦兹力作用下做匀速圆周运动，洛伦兹力提供圆周运动的向心力（科学思维）
6.运动的带电粒子的动能是否变化？洛伦兹力对带电粒子做功了吗？	能从功能关系得出洛伦兹力永不做功的结论（物理观念）

教　学　建　议

（1）思维引导建议。图1.5-6是学生学习曲线运动时较为熟悉的运动模型，通过复习匀速圆周运动的向心力的特点，为学生学习新情境下粒子的运动铺设了台阶。图1.5-7是洛伦兹力演示仪的平面模型，学生通过对力和运动的分析，不难发现两情境的共性，便能较为自然地从理论层面解释任务1的实验现象，同时启发学生类比迁移是重要的分析方法。

（2）教学活动建议。问题1~4，考虑到学生已有的知识基础，建议让学生独立思考后回答，其他同学进行补充；问题5、6，可让学生先独立思考，然后小组讨论再回答，教师根据需要适当说明。

任务3　探究影响带电粒子匀速圆周运动半径的相关因素

问题情境：如图1.5-8所示，洛伦兹力演示仪中，不同条件下电子的圆周运动半径有大有小。教师提出表1.5-3所示问题，要求学生回答，培养学生的核心素养。

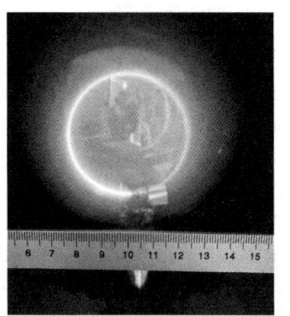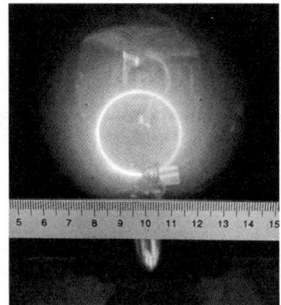

图1.5-8　洛伦兹力演示仪中不同条件下电子的圆周运动轨迹

表1.5-3　任务3中的问题及问题指向的素养目标

问题	问题指向的素养目标
1.根据图1.5-8现象，结合洛伦兹力演示仪的工作原理，你有何疑问？	能根据实验现象，培养学生发现问题并提出问题的能力（科学探究）
2.粒子射入磁场的速度与电子枪的加速电压有何关系？增加速度，电子半径怎样变化？	通过所学知识推理新知，培养学生科学推理、科学论证的素养（科学思维）
3.若增大线圈中的励磁电流，电子圆周运动的半径如何变化？	
4.电子做圆周运动的半径与其速度和磁场的磁感应强度有何关系？	能运用已学知识推导圆周运动半径的表达式（科学思维）

教学建议

（1）思维引导建议。采用递进的问题链的策略，逐步启发学生主动思考，培养学生思维的活力。

（2）教学活动建议。首先让学生根据实验证据猜想与粒子运动半径相关的因素，再逐步追问、解释、推理、论证，延缓半径的表达式得出的过程，将学科核心素养的培养渗透在得出结论的过程中，润物无声。

任务4 **推导带电粒子匀速圆周运动周期的表达式**

问题情境：如图1.5-9，一个质量为m，电荷量为$q(q>0)$的带电粒子以速度v垂直射入方向垂直纸面向外的匀强磁场中，磁场的磁感应强度为B（不计粒子的重力），带电粒子在匀强磁场中做匀速圆周运动。教师提出表1.5-4所示问题，要求学生回答，培养学生的核心素养。

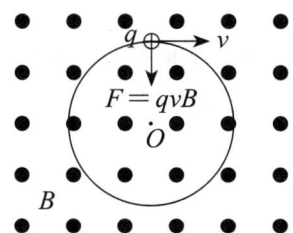

图1.5-9 带电粒子在匀强磁场中做匀速圆周运动

表1.5-4 任务4中的问题及问题指向的素养目标

问题	问题指向的素养目标
1.你能否用两种方法求解匀速圆周运动的周期？	知道从运动学和动力学两条路径求匀速圆周运动的周期（物理观念）
2.根据所学圆周运动的知识，试推导圆周运动周期的表达式	能优选规律，推导匀速圆周运动周期的表达式（科学思维）
3.若增大带电粒子的入射速度，粒子圆周运动的周期如何变化？	理解粒子圆周运动的周期与运动速度无关（科学思维）

教 学 建 议

（1）思维引导建议。通过比较动力学和运动学求解周期的优劣，启发学生运用多种方法求解同一问题时应注意优选规律，得出结论。

（2）教学活动建议。问题1、2建议给学生时间进行思考和推理；问题3可以让学生相互交流后选代表发言，教师适当补充。

任务5 运用半径和周期公式解决实际问题

问题情境：如图1.5-10所示，一个质量为 m、电荷量为 q、不计重力的带负电粒子从 x 轴上的 P 点以速度 v 沿与 x 轴成 $60°$ 角的方向射入第一象限内的匀强磁场中，并恰好垂直于 y 轴射出第一象限。已知 $OP=a$。教师提出表1.5-5所示问题，要求学生回答，培养学生的核心素养。

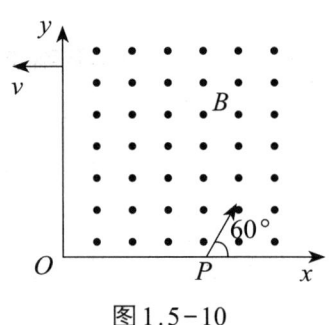

图1.5-10

表1.5-5 任务5中的问题及问题指向的素养目标

问题	问题指向的素养目标
1.匀强磁场的磁感应强度 B 有多大？	会用左手定则确定圆周运动的圆心，然后根据数学关系求解圆周运动的半径，从而求得 B（科学思维）
2.带电粒子穿过第一象限所用的时间是多少？	会用周期公式求解运动时间（科学思维）
3.若仅改变磁感应强度的方向为垂直纸面向内，求带电粒子在第一象限的运动时间和离开第一象限时的位置坐标	学会求解条件变化后的粒子运动半径和时间，能够归纳求解半径和时间的一般方法（科学思维）
4.若改变磁感应强度的方向为垂直纸面向内，同时带电粒子的速度变为 $2v$，求带电粒子在第一象限的运动时间	理解周期与速度大小无关（物理观念）

教 学 建 议

（1）思维引导建议。通过和学生一起审题，发现关键信息"恰好垂直"，强调审题的重要性。逐步引导学生从基本规律进行推导，通过变式问题和学生一起归纳解决此类问题的一般方法，提升学生的思维品质，激励学生深度思考。

（2）教学活动建议。对问题1、2，教师可分别选择两位同学直接上台板演，其他同学点评，教师对解题规范加以说明；对问题3，教师可先让学生独立作答，然后选择典型情况进行展示与点评；对问题4，可让学生先独立思考，然后小组讨论后回答，教师根据需要适当说明。

五、教学设计点评

本节课通常的教学设计是先通过理论分析得出带电粒子在匀强磁场中垂直入射时做匀速圆周运动的结论，然后进一步推导圆周运动的半径公式和周期公式，接着通过演示实验验证理论推导的结果，最后通过习题求解巩固所学知识。如果从获取知识的目标来说，基本已落实，但从指向学科核心素养的目标来评价，显然是很不够的。

本教学设计通过一个个具体的物理问题情境，引导学生由表及里，由浅入深，充分运用所学知识进行分析、推理和论证，帮助学生形成正确的物理观念，培养科学思维能力；通过设计圆周运动半径和周期的科学探究活动，培养学生提出问题、寻找证据、解释和交流等素养，应用探究所得结果尝试解决情境化问题，进而提升学生的问题解决能力。

浙江省奉化中学　顾春杰

第六节　质谱仪与回旋加速器

一、教材内容与学生分析

"质谱仪与回旋加速器"是高中物理选择性必修第二册第一章"安培力与洛伦兹力"第四节的内容，也是本章的最后一节内容，侧重点在于运用电磁场知识解决实际问题，既是知识的综合运用，也是理论和实践相结合的运用。

本节课是一节设计探究课。在这一节内容中，带电粒子将依次在电场和磁场中完成运动，运动过程复杂，理论层面上将综合电场、磁场、运动学、力学等多方面的知识，实践层面上将分析质谱仪和回旋加速器的用途，探究层面上会思考如何进行更合理的设计以满足实际需要。

电磁场是相对抽象的问题，学生虽然已经学习了电场和磁场的知识，但对于电磁场仍然比较陌生，而本节内容又是综合了电磁场的知识，所以学生学习这一节内容会有一定的难度。难度的增加在于知识的综合性，如何将知识分解以便学生理解是教师在教学设计中需要重点考虑的一个问题。因此，本节课在设计上采用了任务分解和问题串的形式，引导学生思考与探究。

二、任务分解

图1.6-1所示为本节教学设计的任务分解流程图。

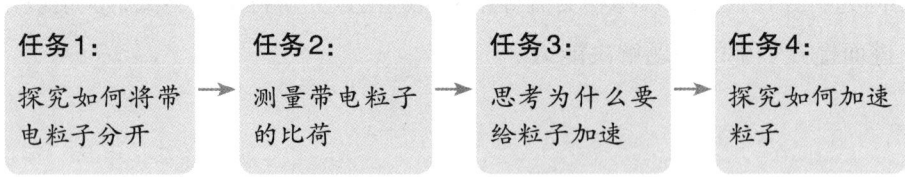

图1.6-1　任务分解流程图

三、学生学习路径

图1.6-2所示为本节教学设计的学生学习路径图。

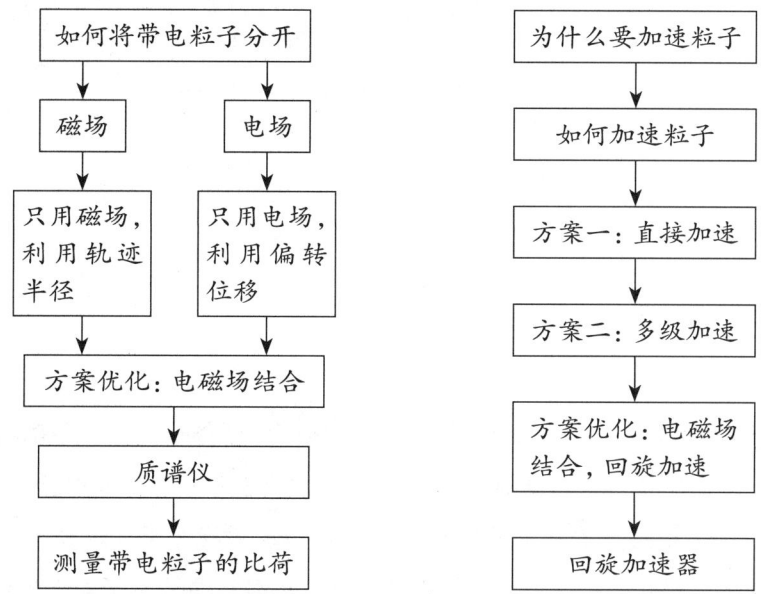

图1.6-2　学生学习路径图

四、教学活动

任务1　**探究如何将带电粒子分开**

问题情境：科学实验发现，很多元素的相对原子质量都不是整数，这一现象引起了科学家们的困惑。他们提出一种猜想：有没有可能是电荷量相同而质量不同的混合物，而测的只是相对原子量的平均值呢？为此科学家们先要将它们分开来，再做进一步的测量，那么怎样才能把它们分开呢？教师提出表1.6-1所示问题，要求学生回答，培养学生的核心素养。

表1.6-1　任务1中的问题及问题指向的素养目标

问题	问题指向的素养目标
1.一束带电粒子只在电场作用下可能会做什么运动？	知道在电场作用下可能会做直线或类抛体运动（物理观念）
2.一束带电粒子只在磁场作用下可能会做什么运动？	知道在磁场作用下通常会做直线或圆周运动（物理观念）

续表

问题	问题指向的素养目标
3.一束带有正负电荷的带电粒子,如何把正负粒子分开？	知道电场、磁场与带电粒子的作用力方向、粒子正负性、粒子的偏转方向三者的关系(物理观念)
4.一束电荷量相同、质量不同的粒子,如何把它们分开？	知道偏转电场作用下偏转位移与粒子的电荷量和质量有关(科学思维) 知道带电粒子在洛伦兹力的作用下偏转的半径与粒子的电荷量和质量有关(科学思维)
5.只有电场或磁场是否可行？	能通过计算发现实际问题,并能分析在电磁结合下可能解决问题(科学思维)

教 学 建 议

(1)思维引导建议。通过引导学生先回忆带电粒子在电场和磁场中运动的特点,思考如果只是将带正负电荷的粒子分开,只需考虑受力方向,但是电荷量相同、质量不同的粒子只用电场或磁场是否可以分开？学生初步分析是可以,引导学生分析推理出偏转位移和偏转半径与什么因素有关,发现还和初速度有关,因此推导出需要电场和磁场结合才能解决问题。

(2)教学活动建议。问题1、2、3可让学生直接回答；问题4、5可让学生小组讨论后再回答,教师根据学生回答情况进行补充。

任务2 **测量带电粒子的比荷**

问题情境：在把粒子分开后,科学家发明了如图1.6-3所示的质谱仪,其工作原理如图1.6-4所示。定量研究粒子的组成需要测量粒子的比荷。教师提出表1.6-2所示问题,要求学生回答,培养学生的核心素养。

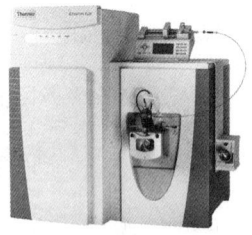

图1.6-3 质谱仪

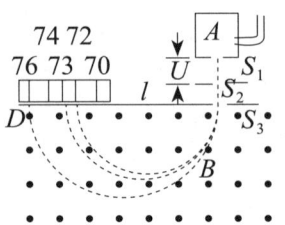

图1.6-4 质谱仪工作原理

表1.6-2 任务2中的问题及问题指向的素养目标

问题	问题指向的素养目标
1.粒子从电离室离开后飘入加速电场，经加速后粒子获得多大速度？	会计算带电粒子在加速过程中所获得的速度（科学思维）
2.粒子从加速电场离开后进入磁场，画出粒子在磁场中运动的轨迹，并计算粒子在磁场中运动的半径	能确定带电粒子在磁场中运动时的圆心、半径、轨迹（科学思维）
3.计算粒子最后到达底片的位置和进入磁场位置之间的距离	会计算粒子在磁场中运动时的相关运动学量（科学思维）
4.如果进入磁场的粒子电荷量也相同，那么它们到达底片的位置只与什么因素有关？	分析影响粒子到达底片位置异同的原因（科学思维）
5.阿斯顿按照上述思路设计了质谱仪，那么质谱仪的功能是什么？	知道可以测量带电粒子的比荷（物理观念）

教学建议

（1）思维引导建议。教师引导学生逐步解决每一个问题，分解后的问题是学生能够分析并得到答案的，如果学生在解决过程中遇到困难时，教师可做适当提示，指导学生在完成任务时要学会画图和推导表达式。

（2）教学活动建议。课前可对学生进行分组，然后为每个小组分配任务，每个小组依次来解锁任务，在各小组的通力配合下最终完成终极任务。这样的设置可充分调动学生的积极性和主动性，让学生觉得完成任务和每个人都是相关的。

任务3 思考为什么要给粒子加速

问题情境：图1.6-5所示为坐落在法国和瑞士边界汝拉山下的一条地下隧道里的欧洲大型正负电子对撞机（LEP）外部画面及部分结构（2001年左右，在原有LEP隧道基础上建造了大型强子对撞机）。这条隧道深50～150米、直径3.8米、周长2.7万米。这台对撞机能够模拟宇宙在数亿年前大爆炸时的情景，让正负电子在对撞机内循着相反方向、以接近光的速度运行并相撞。LEP粒子加速器最大能量可达到1000多亿电子伏特，并能生产大量"Z"粒子，供科学家们研究该粒子本身的质量、寿命、衰变等特性，进一步了解宇宙运动的基本规律。教师提出表1.6-3所示问题，要求学生回答，培养学生的核心素养。

图1.6-5　欧洲大型正负电子对撞机(LEP)外部画面及部分结构

表1.6-3　任务3中的问题及问题指向的素养目标

问题	问题指向的素养目标
1.可以直接观察原子内部结构吗？	知道原子存在大小（物理观念）
2.可以把原子切开观察吗？	
3.可以间接观察原子内部结构吗？	思考研究问题的科学方法（科学思维）
4.间接方法有哪些？让粒子和其他物质发生化学反应？高温？高压？光照？高速撞击？	
5.为什么要对粒子进行加速？	知道要克服强大的核力（物理观念）
6.原子核内部质子之间存在斥力，为什么还需靠外界的力量来"打开"？	矛盾分析法（科学思维）

教学建议

（1）思维引导建议。通过情境引出科学家为什么要建粒子加速器，引导学生思考能不能直接观测原子内部。学生思考后明白只能通过撞击后观察粒子的反应来研究，撞击的能量应尽量大些，使粒子克服强大的核力，同时使被撞击的粒子反应也更大一些，以便更好地研究原子核。

（2）教学活动建议。问题1、2、3让学生直接回答；问题4、5让学生讨论后再回答；问题6让学生独立思考后回答。

任务4 探究如何加速粒子

问题情境：北京正负电子对撞机（BEPC）是世界八大高能加速器之一，是我国第一台高能加速器，也是高能物理研究的重大科技基础设施。该对撞机由长202米的直线加速器、输运线、周长240米的圆形加速器（也称储存环）、高6米重500吨的北京谱仪和围绕储存环的同步辐射实验装置等几部分组成，电子能量最大可达22亿电子伏特。教师提出表1.6-4所示问题，要求学生回答，培养学生的核心素养。

表1.6-4 任务4中的问题及问题指向的素养目标

问题	问题指向的素养目标
1.什么力可以让粒子加速？是电场力还是磁场力？	知道电场和磁场对粒子作用的特点（物理观念）
2.质子在2万伏特的电压下从静止开始加速，最终所获得的能量是多少？ （请同学画出质子在电场中加速的示意图，同时比较质子所获得的能量和现有加速器粒子所获得的能量的大小关系）	分析电场力做功与能量的关系（物理观念） 对计算结果进行分析（科学思维）
3.为了获得更高的能量，需要怎样的条件？会遇到怎样的困难？	分析高电压和绝缘条件之间的矛盾（科学思维）
4.怎样解决问题3中遇到的困难？（请同学画出粒子加速示意图）	知道应从一级加速变成多级（科学论证） 遇到问题能够思考解决问题的办法（科学探究、科学态度和责任）
5.多级加速器（如图1.6-6）解决了绝缘条件的问题，那么有没有带来新的问题？	解决新方法带来的新问题（科学态度和责任）
6.如何解决粒子经多级加速电场进行加速所占空间大的问题？（请同学们尝试进行一定的设计）	解决新方法带来的新问题（科学态度和责任）
7.能否只用一个加速电场实现粒子的反复加速？（此处可提示如何实现粒子再次进入电场，粒子再次进入电场后如何进行加速）	知道应从多级加速变到回旋加速（科学论证）
8.分析粒子进入回旋加速器后的加速原理（图1.6-7）	掌握回旋加速器的加速原理（物理观念）

续表

问题	问题指向的素养目标
9.假如粒子每两次经过盒缝的时间间隔相同,控制两盒间电势差正负的变换是比较容易的,但是粒子运动越来越快,也许粒子走过半圆的时间间隔越来越短,这样两盒间电势差正负的变换就要越来越快,从而造成技术上的一个难题?对这个困惑如何理解?	会进行矛盾分析(科学思维)
10.为实现粒子每次经过电场都加速,粒子在磁场中运动的周期与交流电源的变化周期应该有怎样的关系?	了解交流电周期的设置(物理观念)
11.粒子经回旋加速器加速后所能获得的最大动能和哪些因素有关?(要求学生写出动能的表达式)	会进行粒子在电场中加速,在磁场中偏转的相关计算(物理观念)
12.粒子是在电场中加速获得的能量,但动能表达式中却没有电压这一项,那么粒子加速所获得能量和电压大小到底有没有关系?	会进行矛盾分析(科学思维)
13.粒子从开始加速到离开回旋加速器所用的时间是多少?	掌握在电磁场中多次往复运动计算时间的方法(科学思维)
14.粒子加速的速度越大,在技术上面临的困难有哪些?	了解速度太大要考虑相对论效应(物理观念)

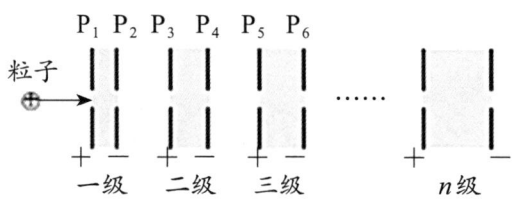
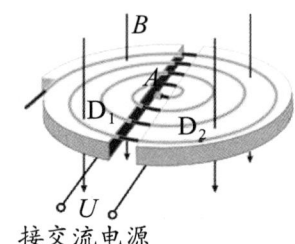

图1.6-6　多级加速器　　图1.6-7　回旋加速器的加速原理

教 学 建 议

（1）思维引导建议。任务4是以设计加速器为核心进行问题设置,在整个任务的完成过程中伴随着各种矛盾的升级,如何解决和突破这些矛盾是设计中要思考的问题,旧的矛盾解决了,又会产生新的矛盾,那么这就需要考虑设计的重点。问题串是思维线索,也为学生解锁任务提供了方向,建议教师展示小组设计的加速器方案以及一些定量计算的表达式和结果。

（2）教学活动建议。任务4是以问题串的形式来进行的，所以问题的解答应交给学生小组来完成。在解决具体问题的过程中，有些问题的难度比较大，例如从多级加速器到回旋加速器的过渡、回旋加速器的加速原理、粒子在回旋加速器中的运动时间等，对于有难度的问题教师可视学生在课堂中的反应来做适当的提示。

五、教学设计点评

本节课中需要用到电磁场的综合知识，通常的教学设计侧重于质谱仪和回旋加速器的装置介绍和原理讲解，即先复习带电粒子在电磁中的运动特点，再分析质谱仪是如何测量比荷、回旋加速器是如何加速粒子及交变电场周期如何设置等教学流程。本文从指向核心素养的学科教学角度考虑，期望通过问题串引导学生运用学过的知识分析、设计、最终解决问题，即形成一节以"设置真实问题情境、提出真实研究问题、学习应用物理规律、设计解决实际问题"为主要环节的学科设计探究型物理课堂。

浙江省桐乡市高级中学　张小帅

第二章
电磁感应

　　本章的教学设计旨在引导学生深入研究感应电流的方向，法拉第电磁感应定律，涡流、电磁阻尼和电磁驱动，自感和互感的规律。通过探究感应电流的方向、研究感应电动势大小的影响因素，了解电磁感应相关现象及应用，学生将理解感应电流方向变化的规律，感应电动势（感应电流）大小的决定因素。在真实情境下，通过一系列精心设计的任务和实验，激发学生的探究兴趣，培养学生的科学思维和实验探究等核心素养。

　　在教学过程中，基于问题解决的教学理念，首先通过实验探究感应电流方向的规律（楞次定律），再对产生感应电流的本质进行研究，进而探究感应电动势的规律，最后对电磁感应的有关现象，即涡流、电磁阻尼和电磁驱动、自感和互感进行探究和解释。

　　本章的教学设计注重理论与实践的结合，帮助学生建立起完整的电磁感应相关的概念框架，并能够将所学知识应用于解决实际问题，如涡流、电磁阻尼和电磁驱动的应用。这样的教学活动不仅能够提升学生的素养水平，还有助于培养学生对物理学科的热爱和探索精神。

第一节 楞次定律

一、教材内容与学生分析

楞次定律作为电磁感应这一章的起始节,不仅是本章的重点知识,更是电磁学的基础,目的在于解决感应电流方向的问题,是法拉第电磁感应定律内容的一部分。在高中阶段,楞次定律是较为抽象的一个物理规律,长期以来是物理教学中的难点。本节内容所涉及的知识点较多,包括电流的磁效应、右手定则、磁通量、磁通量的变化量、感应电流等,关系复杂,规律又比较隐蔽,导致其抽象性和概括性很强,所以学生分析归纳起来比较困难。要让学生理解抽象的概念和规律,实验是行之有效的方法。因此,在教学中,利用问题情境,通过学生分组实验探究的方式,经历楞次定律得出的过程,培养学生的实践能力、归纳推理能力、科学思维、科学探究和科学态度与责任素养。

从学生主体性角度看,高二学生经过一年的物理学习后已经具备一定的实验观察能力与实验操作能力,能分组完成具有一定难度的探究实验。从学生的认知结构来看,学生已经了解电磁感应现象,经历过感应电流产生条件的探究过程,这为本节楞次定律的学习与实验探究打下了一定的基础。因此本节课的实验教学设计将通过带领学生亲自体验实验探究过程的方法,培养学生的物理核心素养。

二、任务分解

图2.1-1所示为本节教学设计的任务分解流程图。

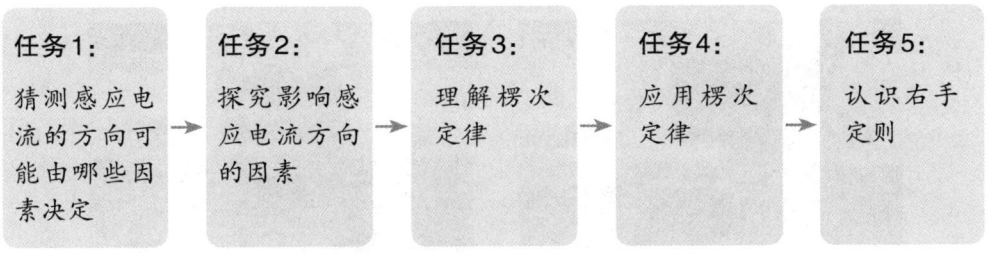

图2.1-1 任务分解流程图

三、学生学习路径

图2.1-2所示为本节教学设计的学生学习路径图。

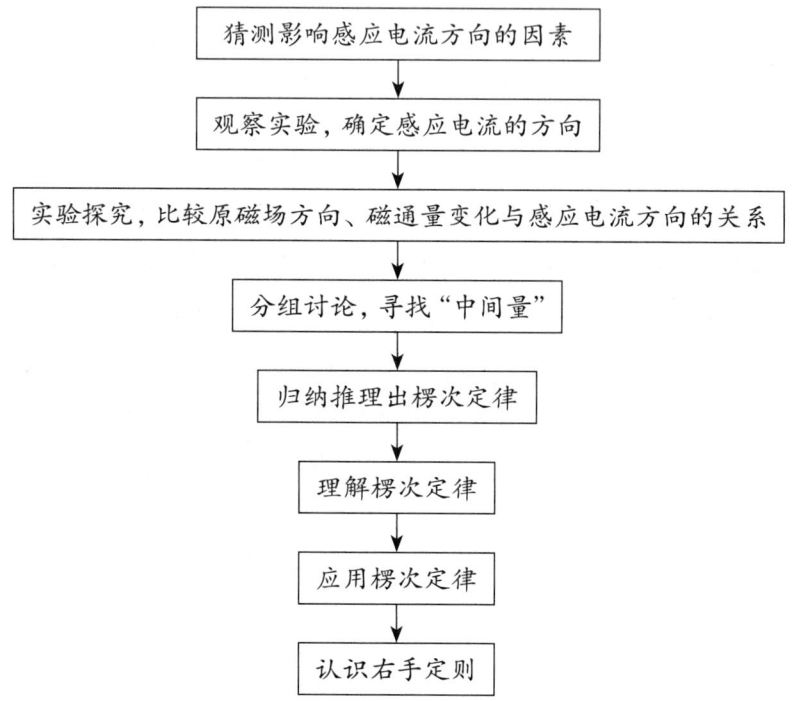

图2.1-2　学生学习路径图

四、教学活动

任务1　猜测感应电流的方向可能由哪些因素决定

问题情境1：如图2.1-3所示，教师演示"魔术"，将"魔法棒"从小车上的空心铝管中插入或拔出，但"魔法棒"没有与小车或铝管接触。

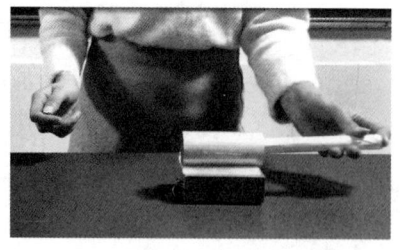 

图2.1-3　教师演示"魔术"

问题情境2：如图2.1-4所示，螺线管与灵敏电流计相连，把磁体的某一个磁极向螺线管中插入或从螺线管中抽出。教师提出表2.1-1所示问题，要求学生回答，培养学生的核心素养。

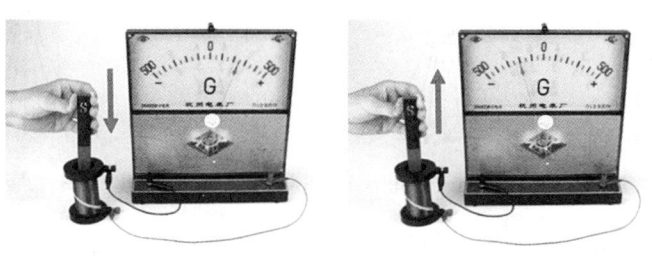

向下插入　　　　　　　　向上抽出

图2.1-4　磁体插入/抽出螺线管

表2.1-1　任务1中的问题及问题指向的素养目标

问题	问题指向的素养目标
1.如图2.1-3所示，观察现象，其中产生了何种神奇的力量？	激发学生的学习兴趣，思考"魔术"背后的奥秘（科学思维）
2.产生感应电流的条件是什么？	回顾旧知，知道产生感应电流的条件（物理观念）
3.如图2.1-4所示，观察实验，磁体插入与抽出时，实验现象是什么？这说明什么？	知道电流表指针偏转方向不同，电流方向也不同（科学思维）
4.你认为感应电流的方向可能由哪些因素决定？	能根据实验现象进行分析和推理，对影响感应电流方向的因素进行猜测（科学思维）
5.在实验的情境下，磁通量的变化具体有哪几种情况？	

教学建议

（1）思维引导建议。猜测影响感应电流方向的决定因素时，学生联系感应电流产生的条件，并通过观察条形磁铁插入或抽出螺线管的实验，能够发现电流表的指针偏转方向不同，猜出感应电流的方向很可能与原磁场的方向有关。但学生容易忽略磁通量变化的情况及其他具体情况，因此教师需要进行适当引导，得出如图2.1-5所示的四种具体实验操作情况（为简化问题，将螺线管看成圆环）。

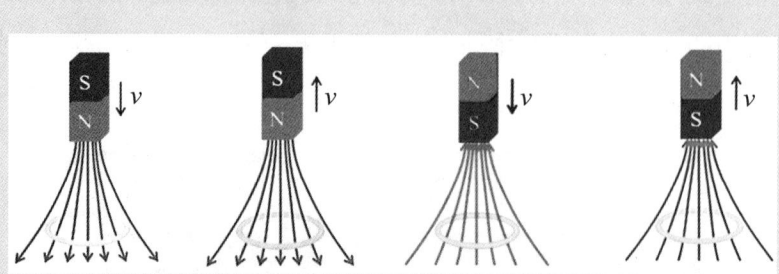

图2.1-5 将磁体插入/抽出螺线管的四种具体实验操作情况

（2）教学活动建议。问题1，作为新课的引入，为激发学生的学习兴趣，教师进行演示后给学生留下问题，待学习完楞次定律后再揭秘；问题2，在回顾已有知识的基础上，进一步提出问题，引导学生进行深度思考；问题3和问题4，可请学生上台来和教师一起完成实验，其他同学仔细观察实验现象，让学生体会磁通量变化会影响感应电流的方向；问题5，可让学生根据实验现象进行小组讨论后再回答，教师进行启发和补充。

任务2 探究影响感应电流方向的因素

问题情境：完成将条形磁铁向螺线管中插入或从螺线管中抽出的实验，填写表2.1-2和表2.1-3。如图2.1-6所示，用试触法判断电流方向与指针偏转方向的关系。观察图2.1-7，判断线圈导线的绕向和电流方向的关系。教师提出表2.1-4所示问题，要求学生回答，培养学生的核心素养。

"左进左偏"　　　　"右进右偏"

图2.1-6 试触法判断电流方向与
指针偏转方向的关系

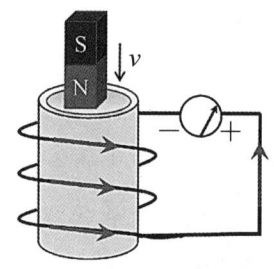

图2.1-7 导线绕向与
电流方向的关系

表2.1-2

	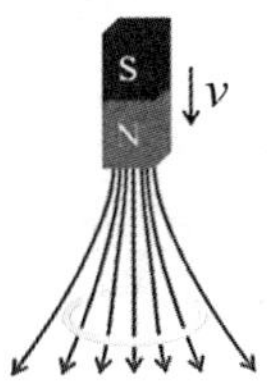	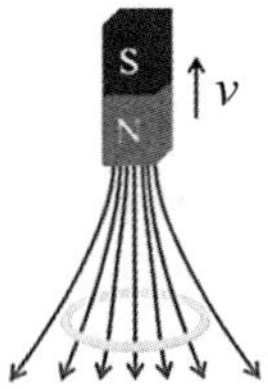	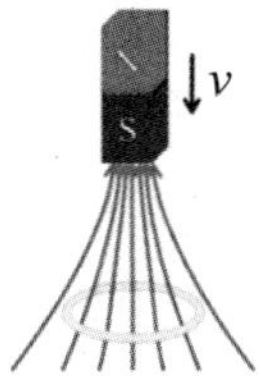	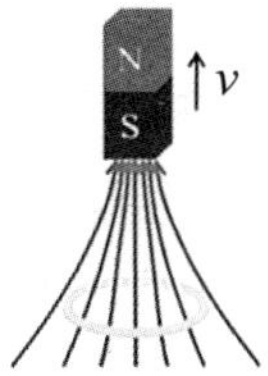
磁体磁场的方向				
磁通量的变化				
感应电流的方向				

表2.1-3

	1	2	3	4
$B_原$				
磁通量的变化				
感应电流的方向				
$B_感$				

表2.1-4　任务2中的问题及问题指向的素养目标

问题	问题指向的素养目标
1.在实验中，如何分辨感应电流的方向？如何设计实验找到指针偏转方向与电流方向的关系？	知道电流方向、指针偏转方向与线圈导线绕向的关系（科学思维）
2.怎么比较感应电流方向、原磁场方向和磁通量的变化这三者的关系？	能够对实验现象进行分析、整理，并思考问题（科学探究）
3.用什么方法来判断感应电流周围的磁场方向？	能根据安培定则得出感应电流的磁场方向（科学思维）

续表

问题	问题指向的素养目标
4.通过合作探究实验，表格内容应该如何填写？	能够通过分析表格内容，发现感应电流的磁场会阻碍磁通量的变化，并对该结果进行反思和交流（科学探究）
5.通过分析所填表格内容，感应电流的磁场方向与原磁场的方向有直接联系吗？应该联系哪个物理量才能进行比较？	
6.你能总结出感应电流的磁场方向、原磁场的方向与原磁通量的变化之间的关系吗？	知道楞次定律的内容（物理观念）
7.你能根据分析概括出如何确定感应电流的方向吗？	能够认识到物理研究是建立在观察和实验基础上的一项创造性工作，具有实事求是的态度和与他人合作的精神（科学态度与责任）

教 学 建 议

（1）思维引导建议。要得到感应电流的方向与原磁场方向和磁通量变化的关系，应先引导学生发现问题：感应电流的方向是顺时针或逆时针，原磁场方向是向上或向下，磁通量的变化是增大或减小，三者无法直接进行比较。联系安培定则，学生能够得到感应电流的磁场方向可以作为比较三者关系的桥梁。学生通过实验探究填写好实验表格后，教师利用一系列问题进行引导，学生能够发现联系磁通量的变化可以得出感应电流的磁场阻碍磁通量变化的结论，从而总结出楞次定律，如图2.1-8所示。

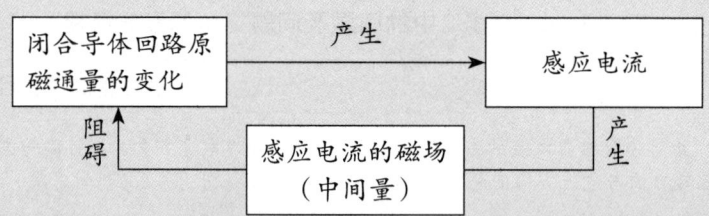

图2.1-8　楞次定律内容

（2）教学活动建议。问题1可让学生独立思考后回答，教师适当引导；对问题2、3，教师适当引导，学生独立思考后回答；对问题4，教师先示范填出第一列信息，学生进行小组合作实验，讨论后再回答；问题5、6、7可让学生独立回答，其他同学补充，教师进行总结归纳。

任务3　理解楞次定律

问题情境：如图2.1-9所示，将条形磁铁插入螺线管。教师提出表2.1-5所示问题，要求学生回答，培养学生的核心素养。

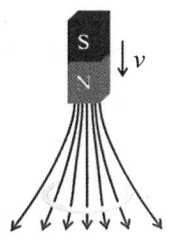

图2.1-9　将条形磁铁插入螺线管

表2.1-5　任务3中的问题及问题指向的素养目标

问题	问题指向的素养目标
1.根据楞次定律的内容，谁起阻碍作用？阻碍什么？	知道感应电流的磁场起阻碍作用，阻碍了原磁通量的变化（物理观念）
2.如何阻碍？结果如何？	理解"增反""减同"的意义，知道阻碍不是阻止，阻碍的结果是减缓了磁通量的变化（科学思维）
3.能否阻止？	
4.磁通量的变化与感应电流的磁场具有怎样的因果关系？	理解磁通量的变化是原因，引起的感应电流产生的磁场反过来阻碍了原磁通量的变化是结果（科学思维）

教学建议

（1）思维引导建议。楞次定律是根据实验分析归纳出的定律，为了厘清磁通量的变化、感应电流的方向以及感应电流的磁场这三者的关系，对"阻碍"二字的理解显得尤为重要。通过围绕"阻碍"一词的一系列问题，引导学生进行独立思考，从而加深对楞次定律的理解。

（2）教学活动建议。问题1~3可让学生独立思考后回答，其他同学和教师进行补充说明；问题4可让学生小组讨论后再回答，教师进行补充完善。

任务4 应用楞次定律

问题情境：

（1）如图2.1-10所示，揭秘"魔术"，铝管是一个闭合导体，相当于一个螺线管，"魔法棒"其实是一个条形磁铁。

（2）如图2.1-11所示，通电直导线与矩形线圈在同一平面内，当线圈远离导线时，判断线圈中感应电流的方向。

（3）如图2.1-12所示，闭合金属圆环沿垂直于磁场方向放置在匀强磁场中，将它从匀强磁场中匀速拉出。

教师提出表2.1-6所示问题，要求学生回答，培养学生的核心素养。

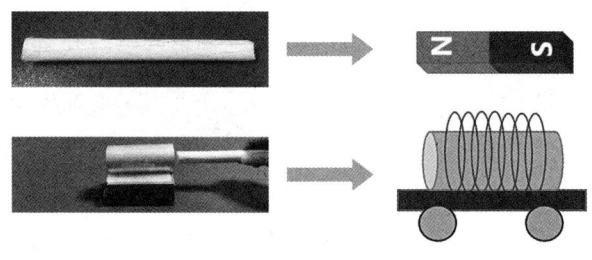

图2.1-10 揭秘任务1中的魔术

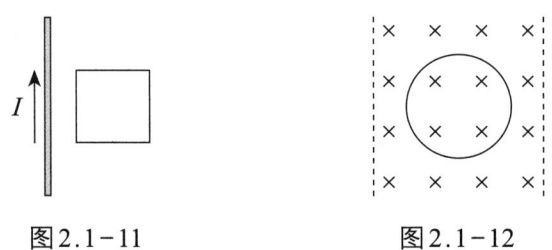

图2.1-11　　　　　　图2.1-12

表2.1-6 任务4中的问题及问题指向的素养目标

问题	问题指向的素养目标
1.根据楞次定律，请解释任务1中的魔术奥秘	能根据楞次定律解释磁铁能"凭空"让带空心铝管的小车运动的原因（科学思维）
2.如图2.1-11所示，矩形线圈所处的磁场方向如何？怎样判断？	能根据安培定则判断出通电直导线周围的磁场方向（科学思维）
3.如图2.1-11所示，线圈中原磁通量的变化情况如何？	知道通电直导线周围的磁场情况和磁通量的意义（物理观念）

续表

问题	问题指向的素养目标
4.如图2.1-11所示,感应电流的磁场方向如何？怎样判断？	能应用楞次定律判断感应电流的磁场方向（科学思维）
5.如图2.1-11所示,线圈中感应电流的方向如何？怎样判断？	能应用右手螺旋定则判断感应电流的方向（科学思维）
6.你能总结出判断感应电流方向的一般步骤吗？	掌握应用楞次定律判断感应电流方向的基本思路和步骤（科学思维）
7.图2.1-12中,向左或向右拉出圆环时,环中感应电流的方向是怎样的？	

教 学 建 议

（1）思维引导建议。通电直导线会产生磁场，让学生根据安培定则画出矩形线圈所处的磁场方向，再由线圈的远离得出磁通量的变化，引导学生应用楞次定律画出感应电流的磁场方向，最后学生利用右手螺旋定则判断出感应电流的方向。在总结判断感应电流的一般步骤时，利用图2.1-11，引导学生归纳总结，得出"一原二感三螺旋"的简洁方法。最后利用该方法对图2.1-12进行分析并得出答案。

（2）教学活动建议。问题1~5可让学生独立思考后进行回答，其他同学补充，教师进行点评；问题6可让学生先独立思考，再进行小组讨论后回答，教师点评总结；问题7，可让学生独立思考后再回答。

任务5 认识右手定则

问题情境：

（1）如图2.1-13所示，闭合导体的一部分做切割磁感线的运动。

（2）如图2.1-14所示，CDEF是金属框，导体AB向右移动。

教师提出表2.1-7所示问题，要求学生回答，培养学生的核心素养。

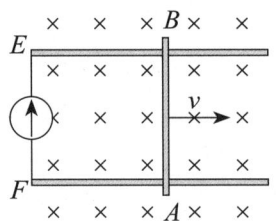
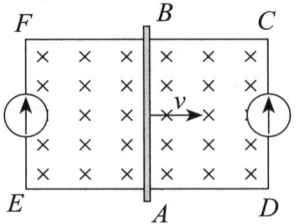

图2.1-13 闭合导体的一部分做切割磁感线运动

图2.1-14 导体AB向右移动

表2.1-7 任务5中的问题及问题指向的素养目标

问题	问题指向的素养目标
1.图2.1-13中,我们研究的是哪个闭合回路?	通过运用楞次定律判断感应电流的方向,加深对楞次定律的理解(科学思维)
2.图2.1-13中,穿过闭合回路的磁通量是增大还是减小?	
3.图2.1-13中,感应电流的磁场应该是沿哪个方向?	
4.图2.1-13中,导体棒AB中的感应电流沿哪个方向?	
5.有没有更简洁的方法判定感应电流的方向?	能用多种方法分析物理问题,发现其中的规律,形成合理的结论,并应用已有物理知识进行科学解释(科学探究)
6.图2.1-14中,请用右手定则判断ABCD和ABFE两个电路中感应电流的方向	掌握右手定则及其应用方法和条件(科学思维)

教学建议

（1）思维引导建议。应用楞次定律判断感应电流的方向，让学生掌握解决物理问题的方法和步骤，教师引导学生进一步思考感应电流的方向、原磁场的方向、导体棒运动的速度方向之间的关系，从而找出更简单的方法——右手定则，并知道应用右手定则的条件。

（2）教学活动建议。问题1~4可让学生独立思考后回答；问题5可通过学生互动、师生互动，共同分析归纳出右手定则；问题6可让学生独立思考后回答。

五、教学设计点评

在常规教学中，通常是以四组螺线管实验展开，从条形磁铁相对螺线管运动的实验入手，观察电流表指针偏转情况，并引导学生将"感应电流的磁场"作为"中介"，通过填表比较，归纳出楞次定律。但指向核心素养的学科教学要求学生具有一定的实验探究能力，培养科学思维和科学态度与责任。因此本节课的教学设计需要为学生创设真实情境，让学生经历科学探究和思维加工的过程，保证物理观念内化，促进学生科学思维的形成，同时将物理观念应用于解决实际问题，发展学生提出问题、分析问题和解决问题的能力。

本节教学设计以魔术引入，让学生直观地观察到有趣的物理现象，激发学生的探索欲，然后通过演示学生熟悉的实验，结合现象以追问的形式带动学生思维互动，促进科学思维的发展。在探究影响感应电流方向的因素的教学中，让学生进行分组实验和交流讨论，通过亲身经历科学探究与归纳推理过程，深切体会"楞次定律"的得出过程，提升学生科学探究能力与沟通协作能力。在魔术揭秘环节，学生能根据所学规律解释物理现象，学以致用，并且通过两个典型案例，总结出判断感应电流方向的一般步骤，不仅深化对"楞次定律"的理解，也培养学生解决实际问题的能力，促进物理核心素养的发展。

重庆市铜梁中学　韩小翠

第二节　法拉第电磁感应定律

一、教材内容与学生分析

本节是电磁学的核心内容，同时具有承上启下的作用。它既与前面的电场、磁场和恒定电流有紧密联系，又是后面学习交流电和电磁振荡、电磁波的基础。电磁感应定律发现的指导思想以及发现过程为学生科学思维、科学态度、责任素养的提升提供了具体实例和学习环境。

一方面，学生已经学习了恒定电流、电磁感应现象和磁通量的相关知识，并且也知道了变化量和变化率的概念，已经具备了学习法拉第电磁感应定律的基础知识。另一方面，该阶段的学生有一定的知识类比、迁移能力以及主动探究问题的能力，对于新颖有趣的实验装置，有较强的好奇心，对于未知的知识有较强的求知欲。

二、任务分解

图2.2-1所示为本节教学设计的任务分解流程图。

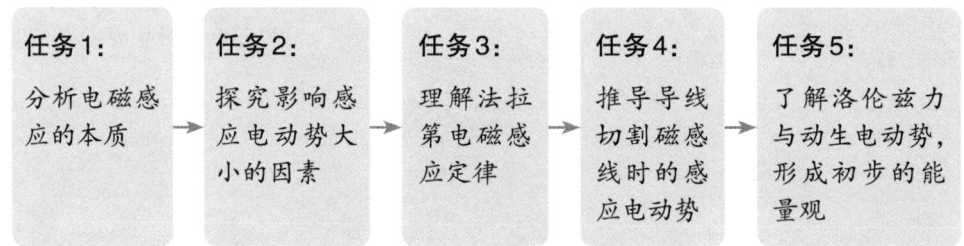

图2.2-1　任务分解流程图

三、学生学习路径

图2.2-2所示为本节教学设计的学生学习路径图。

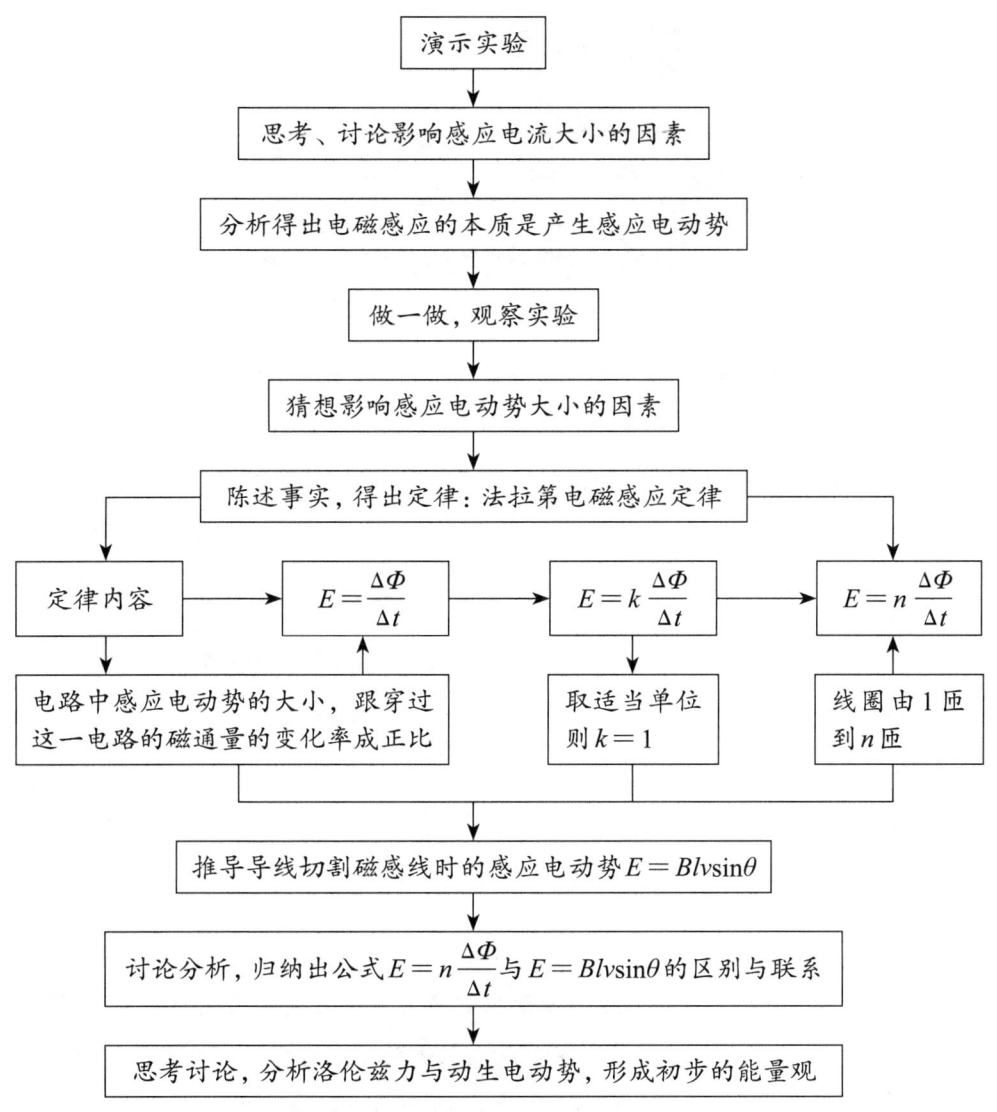

图 2.2-2 学生学习路径图

四、教学活动

任务1 分析电磁感应的本质

问题情境1：请两名同学上台比赛，分别摇动用线圈和磁铁做成的手摇发电机（图2.2-3），把小灯泡点亮。

图2.2-3 用线圈和磁铁做成的手摇发电机

问题情境2：将线圈、磁铁与电压表相连，转动手轮，电压表指针偏转，得出线圈和磁铁在一定条件下可以产生电动势的结论，然后提出感应电动势的概念——电磁感应产生的电动势叫作感应电动势。

教师提出表2.2-1所示问题，要求学生回答，培养学生的核心素养。

表2.2-1 任务1中的问题及问题指向的素养目标

问题	问题指向的素养目标
1.产生感应电流的条件是什么？	归纳得出感应电流的大小与磁通量的变化率有关（科学探究）
2.感应电流的大小由哪些因素决定？	
3.研究感应电动势和感应电流哪个更有意义？	分析得出电磁感应的本质是产生感应电动势（科学思维）

教学建议

（1）思维引导建议。以上一节课探究感应电流方向的实验为基础，通过激趣、问题等进一步让学生探究感应电流的大小可能跟哪些因素有关，引导学生猜想感应电流的大小可能与磁通量的变化快慢有关。再通过实验让学生意识到研究感应电动势比研究感应电流更有意义，从而引出感应电动势，达成核心素养中自主发展的部分目标。

（2）教学活动建议。问题1可以让学生独立思考后回答；问题2建议学生间相互交流，教师结合实验现象进行引导；问题3可以让学生独立思考后回答，其他同学补充说明，教师引导学生明白研究感应电动势比感应电流更具有本质意义。

任务2 探究影响感应电动势大小的因素

问题情境：做一做，实验装置如图2.2-4所示，线圈的两端与电压表连接。强磁体从玻璃管上端由静止下落，穿过线圈。分别使强磁体距离上管口20 cm、30 cm、40 cm和50 cm，记录电压表的示数以及发生的现象。分别改变线圈的匝数、磁体的强度，重复上面的实验。教师提出表2.2-2所示问题，要求学生回答，培养学生的核心素养。

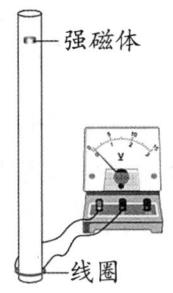

图2.2-4 实验装置示意图

表2.2-2 任务2中的问题及问题指向的素养目标

问题	问题指向的素养目标
1.电压表指针发生偏转的原因是什么？电压表的示数代表什么？	分析得出电磁感应的本质是产生感应电动势（科学思维）
2.强磁体从不同高度静止下落穿过线圈，线圈中的磁通量变化量和变化率有什么异同？	归纳得出感应电动势的大小与磁通量的变化率有关（科学探究）
3.分别改变线圈的匝数、磁体的强度，重复上面的实验，又有什么现象？	

教学建议

（1）思维引导建议。引导学生通过做一做进行实验，搜集有关信息，验证自己的假设并对假设进行修正。激发学生进一步探究未知领域知识的欲望，让学生在探究的过程中体验实验探究的方法，体会获得知识的乐趣，通过交流讨论、共同学习获得成就感，从而达成核心素养中合作交流、学会学习的部分目标。最后由实验表象向原理逐步过渡，主动构建知识，定性得出感应电动势的大小可能与磁通量的变化率、线圈匝数有关。达到核心素养中社会参与（责任承担、实践创新）的部分目标。

（2）教学活动建议。问题1让学生独立思考后回答；问题2、3可以让学生独立思考后回答，其他同学补充说明，教师引导学生分析归纳得出感应电动势的影响因素。

任务3　理解法拉第电磁感应定律

问题情境：在法拉第、纽曼、韦伯等人工作的基础上，人们认识到，闭合电路中感应电动势的大小，跟穿过这一电路的磁通量的变化率成正比，这就是法拉第电磁感应定律（Faraday's law of electromagnetic induction）。教师提出表2.2-3所示问题，要求学生回答，培养学生的核心素养。

表2.2-3　任务3中的问题及问题指向的素养目标

问题	问题指向的素养目标
1.磁通量的变化快慢如何表示？	类比分析 Φ、$\Delta\Phi$、$\dfrac{\Delta\Phi}{\Delta t}$、$E$ 和 v、Δv、$\dfrac{\Delta v}{\Delta t}$、$a$（科学思维）
2.式中的常数 k 等于多少？	
3.上面讨论的是闭合电路是由单匝线圈构成的，设闭合电路是一个 n 匝线圈，且穿过每匝线圈的磁通量的变化率都相同，那么整个线圈中的感应电动势又如何表示？	归纳得出感应电动势大小的表达式 $E=n\dfrac{\Delta\Phi}{\Delta t}$（科学探究）

教 学 建 议

（1）思维引导建议。通过类比的方法分析 Φ、$\Delta\Phi$、$\dfrac{\Delta\Phi}{\Delta t}$、$E$ 和 v、Δv、$\dfrac{\Delta v}{\Delta t}$、$a$，学生较容易接受，适时渗透物理学史、情感和思想教育，达成核心素养中文化基础（人文底蕴、科学思想）的部分目标。

（2）教学活动建议。问题1让学生独立思考后回答；问题2、3可以让学生独立思考后回答，其他同学补充说明，教师引导学生分析归纳得出法拉第电磁感应定律。

任务4　推导导线切割磁感线时的感应电动势

问题情境：利用多媒体课件展示如图2.2-5所示的电路。把矩形线框CDMN放在磁感应强度为 B 的匀强磁场里，线框平面跟磁感线垂直。设线框可动部分MN的长度为 l，它以速度 v 向右运动，在 Δt 时间内，由原来的位置MN移到 M_1N_1。教师提出表2.2-4所示问题，要求学生回答，培养学生的核心素养。

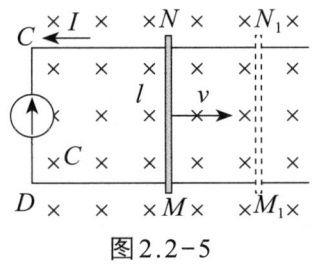

图2.2-5

表2.2-4　任务4中的问题及问题指向的素养目标

问题	问题指向的素养目标
1.这个过程中产生的感应电动势是多少？	运用法拉第电磁感应定律(类比功率的两个公式 $P=\dfrac{W}{t}$ 与 $P=Fv$)讨论推导在 v、l、B 垂直的情况下 $E=Blv$(科学思维)
2.如果导线的运动方向与导线本身是垂直的，但与磁感线方向有一个夹角 θ，产生的感应电动势是多少？	归纳得出导体做切割磁感线运动时感应电动势大小的表达式：$E=Blv\sin\theta$(科学探究)
3.公式 $E=n\dfrac{\Delta\Phi}{\Delta t}$ 与 $E=Blv\sin\theta$ 的区别与联系是哪些？	讨论分析归纳出公式 $E=n\dfrac{\Delta\Phi}{\Delta t}$ 与 $E=Blv\sin\theta$ 的区别与联系(科学探究)

教学建议

（1）思维引导建议。通过运用所学知识类比推导，体验成功解决问题的喜悦，激发学生学习物理的自信。教师适时评价，引导学生自主发展，从而达成核心素养中自主发展的部分目标。

（2）教学活动建议。问题1、2可让学生独立思考，其他同学补充，教师根据需要适当说明；问题3可让学生独立思考，然后小组讨论后回答，教师适当引导。

任务5　**了解洛伦兹力与动生电动势，形成初步的能量观**

问题情境：如图2.2-6所示，导体棒CD在匀强磁场中运动。导体切割磁感线时也会产生感应电动势，同时其他形式的能将转化为电能。教师提出表2.2-5所示问题，要求学生回答，培养学生的核心素养。

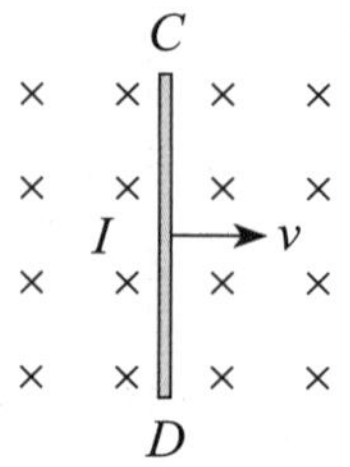

```
          C
   ×  ×  │  ×   ×
   ×  ×  │  ×   ×
         I  ──▶ v
   ×  ×  │  ×   ×
   ×  ×  │  ×   ×
          D
```

图2.2-6　导体棒在匀强磁场中运动

表2.2-5　任务5中的问题及问题指向的素养目标

问题	问题指向的素养目标
1.自由电荷会随着导体棒运动，并因此受到洛伦兹力。导体中自由电荷的运动在空间中大致沿什么方向？为了方便，可以认为导体中的自由电荷是正电荷。	分析归纳得出导体做切割磁感线运动时动生电动势的来源及影响因素（科学探究）
2.导体棒一直运动下去，自由电荷是否也会沿着导体棒一直运动下去？为什么？	
3.导体棒的哪端电势比较高？如果用导线把C、D两端连到磁场外的一个用电器上，导体棒中电流是沿什么方向的？	
4.导体棒是如何将其他形式的能转化为电能的？	分析与动生电动势有关的电磁感应现象中能量的转化方式（科学思维）

教 学 建 议

（1）思维引导建议。引导学生从宏观的导体棒的分析深入到微观的自由电荷的受力分析，不仅要关注洛伦兹力作用下自由电荷的运动、积累从而形成电势差，还要关注导体棒运动过程中能量的转化过程，从能量守恒的角度进一步认识导体切割磁感线的过程，培养学生核心素养中的科学思维。

（2）教学活动建议。问题1，考虑到学生的已有知识基础，建议让学生独立思考并回答；问题2、3可让学生独立思考后回答，其他同学补充，教师根据需要适当说明；问题4可让学生独立思考，然后小组讨论后回答，教师适当引导。

五、教学设计点评

本节课主要讲述了法拉第电磁感应定律，是研究磁场变化产生电动势的基本规律，对于理解电磁感应现象具有重要意义，内容包括法拉第电磁感应定律的基本概念、定律的表达式及其应用，同时涉及楞次定律的辅助说明。通常设计教学时首先从现象出发，引导学生思考问题，然后介绍法拉第电磁感应定律的概念、定律的表达式，最后通过实例分析加深学生对定律的理解。

如果从获取知识的目标来说，通常教学设计中已基本落实，但从指向学科核心素养的目标来评价，显然是不够的。从指向核心素养的学科实践教学角度考虑，期望利用本节教学设计，让学生在教学情境中，运用物理学科的概念、规律与工具，整合思维过程与操作技能，通过实验观察、设计、实验、实践、应用等方式，解决真实情境中的问题，即形成一节以"设置真实问题情境、提出真实研究问题、学习应用物理规律、建模解决实践任务"为主要环节的学科实践型物理课堂。学生能够通过实验观察磁通量变化与感应电动势之间的关系，培养科学探究能力；学生能够设计实验验证法拉第电磁感应定律，提高动手实践能力；学生能够通过探究法拉第电磁感应定律的应用领域，拓宽知识面，提高创新能力。

浙江省桐乡第二中学　范友东

第三节　涡流、电磁阻尼和电磁驱动

一、教学内容与学生分析

前面学生学习的都是闭合电路中的电磁感应现象，而涡流是块状金属导体中的电磁感应现象。涡流、电磁阻尼和电磁驱动都是特殊的电磁感应现象，在实际中有许多应用。教材通过电磁炉情境引入，分析感生电场的产生原理，然后引出涡流，进而介绍涡流在生活中的应用和危害。通过磁电式仪表分析电磁阻尼现象，通过交流感应电动机分析电磁驱动的工作原理。涡流有利弊两个方面，电磁驱动和电磁阻尼也是互相对立的两方面应用。生活中对于涡流、电磁驱动和电磁阻尼有较多的应用，教师应尽可能把生活实例搬到课堂中去，通过演示实验，让学生有直观的视觉感知，并引导学生将这些特性应用到生活中去。充分体现"从生活走向物理，从物理走向社会"的课程理念，调动学生学习的兴趣。

学生已经学习了电路的基本知识以及电磁感应的相关规律，学会了判断回路是否会产生感应电流以及感应电流的方向，而且还掌握了感应电动势的大小与什么因素有关。即已经学会了两对自感现象进行分析，但头脑中没有涡流这个概念，也没有意识到涡流现象。学习中对涡流现象的解释以及分析是学生将会遇到的最大挑战。在认知层面，对于"电磁感应"这一章，学生过去学习的都是理想线圈问题，但在实际问题中，经常会碰到变化的磁场对周围导体产生影响。涡流现象是生活中常见的现象，这是从理论到实际的飞跃，存在一定困难。在知识层面，学生已经完整地学习了电磁感应的知识，掌握了感应电流的大小、方向，感应电动势的产生、大小等知识，这为本节课的学习奠定了基础。在能力层面，学生通过之前的学习，已经能够通过协作完成简单的实验，具有初步的协作能力、独立思考能力。

二、任务分解

图2.3-1所示为本节教学设计的任务分解流程图。

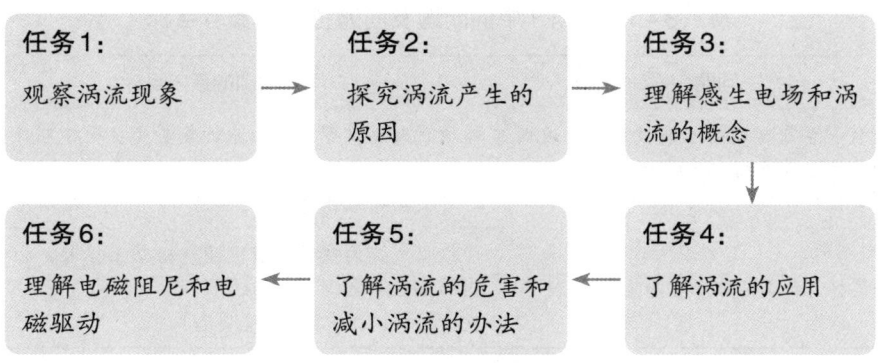

图2.3-1　任务分解流程图

三、学生学习路径

图2.3-2所示为本节教学设计的学生学习路径图。

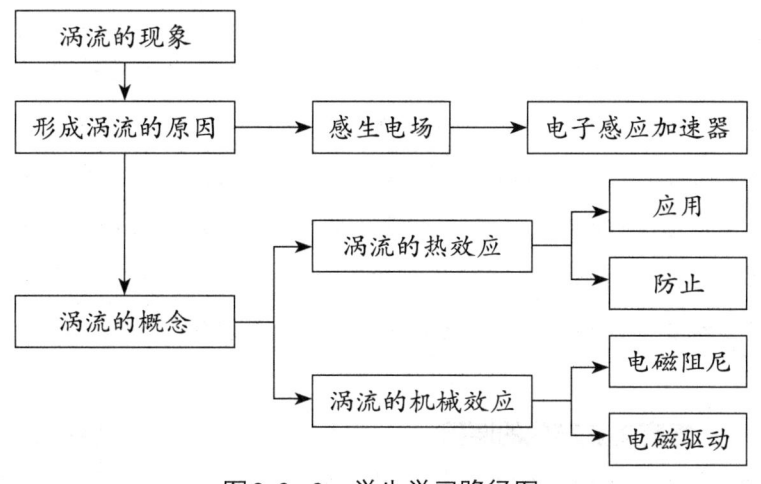

图2.3-2　学生学习路径图

四、教学活动

任务1　**观察涡流现象**

问题情境：教师做演示实验，讲台上准备一个电磁炉，电磁炉上放置两个杯子，一个是金属杯子，另一个是玻璃杯，里面放少许水，开启电磁炉使其工作，观察哪个杯子的水被加热了。教师提出表2.3-1所示问题，要求学生回答，培养学生的核心素养。

表2.3-1 任务1中的问题及问题指向的素养目标

问题	问题指向的素养目标
1.为什么金属杯内的水能被加热，玻璃杯内的水没有被加热？这个对比实验说明了什么？	能通过对比推理出加热水的热量是金属杯自身产生的，并非通过电磁炉热传递获得（科学思维） 能对实验现象进行分析、交流和讨论（科学探究）
2.金属杯为什么能够产生热量？	能根据电流的热效应推测出电磁炉工作时，金属杯内部存在电流（科学思维） 初步认识涡流现象（物理观念）

教 学 建 议

（1）思维引导建议。让学生在对比实验中，确认热量不是通过热传递获得，是金属杯自身产生的，再从能量转化的角度引导学生思考，杯子为什么会发热？是什么能转化为了内能？

（2）教学活动建议。应先让学生感受两个杯子内水温的差别，确认金属杯内的水被加热的事实。再让学生思考推测，热量是金属杯自身产生的，而玻璃材质的杯子内的水无法被加热。然后马上追问学生，为什么金属能产生热量而玻璃却不行？让学生大胆猜测，在这个实验中，转化成内能的最有可能是什么能？当学生得出是电流热效应导致的，教师再介绍这种发生在金属内部的电流称为涡流，形成对涡流的初步认识。

任务2 探究涡流产生的原因

问题情境：拆开电磁炉的外壳，让学生观察电磁炉内部结构图（图2.3-3），引导学生思考讨论为什么电磁炉上方的金属杯子可能会有电流。教师提出表2.3-2所示问题，要求学生回答，培养学生的核心素养。

图2.3-3 电磁炉内部结构图

表2.3-2 任务2中的问题及问题指向的素养目标

问题	问题指向的素养目标
1.金属杯置于电磁炉上方,其内部为什么会有电流?	能推测金属杯内部的电流是因为电磁炉工作造成的(科学思维)
2.在电磁炉上方放置一个由导线和发光二极管组成的闭合回路,观察到二极管亮了,这证实了什么?	能根据已有的实验现象和电磁感应知识推测出闭合回路中产生了感应电流,能推广到将回路改成导体,则在导体内部也能产生电流(科学思维)
3.拆开电磁炉,发现内部有一个大线圈,通以高频交变电流后可以产生什么?	知道变化的电流会产生变化的磁场,能使附近闭合的电路产生感应电流。推测出使金属内部产生电流的原因是变化的磁场(科学思维)

教 学 建 议

(1)思维引导建议。教师提出阶梯式问题,首先,引导学生猜测电磁炉的大线圈附近最有可能会产生什么?其次,猜测如果在电磁炉上方放置一个带发光二极管的闭合回路,发光二极管亮说明了什么?最后,猜测如果在上面放一块导体,其内部也一样会有电流吗?

(2)教学活动建议。教师应介绍电磁炉的结构,鼓励学生猜测其工作原理。当学生回答第二个问题时,应做演示实验加以验证,继而引导学生猜测金属内部也会产生电磁感应现象,具有感应电流。

任务3 理解感生电场和涡流的概念

问题情境1:教师用多媒体课件给学生展示图2.3-4、图2.3-5,要求学生回答表2.3-3所示问题,培养学生的核心素养。

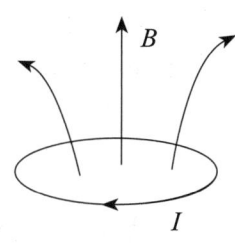

图2.3-4

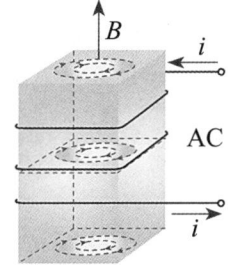

图2.3-5

表2.3-3 任务3情境1中的问题及问题指向的素养目标

问题	问题指向的素养目标
1.我们知道闭合电路的磁通量发生变化能产生感应电流,那么使导体中自由电荷做定向移动的力是什么力?	根据已有的认识,排除洛伦兹力、静电力,猜测可能和变化的磁场有关(科学思维)
2.变化的磁场如何对电荷产生作用力?	了解麦克斯韦的观点,知道变化的磁场周围产生了感生电场,自由电荷在感生电场的电场力的作用下做定向移动(物理观念)
3.感生电场的方向如何?	能总结出感生电场的方向仍遵循楞次定律(科学思维、物理观念)
4.若拿走线圈,磁场继续变化,感生电场还在吗?	理解感生电场由磁场变化引起,与线圈无关,知道如果感应电动势是由感生电场产生的,它也叫感生电动势(物理观念)
5.感生电场周围如果有闭合的导体,如图2.3-5,会形成什么?	知道涡旋状的感应电流被称为涡电流,简称涡流,知道涡流具有热效应(物理观念)
6.电磁炉的加热原理是什么?	学生在教师的引导下,理解是涡旋状的感生电场使金属杯产生了感应电流,电流的热效应加热了水(物理观念)

教学建议

（1）思维引导建议。感生电场的概念比较抽象，教学中可以从图2.3-4中感应电流→电荷定向移动→电荷受到电场力→电场力由感生电场提供这样思维递进的方式引导学生思考。

（2）教学活动建议。教科书对此内容的要求比较低，讨论问题1时，教师要对学生进行引导，对学生的回答及时评价，排除洛伦兹力和静电力；问题2难度比较高，可以让学生先阅读书本内容了解麦克斯韦的观点，理解变化的磁场产生感生电场；问题5、6尽量让学生自己陈述，培养学生的思维能力和表达能力。

问题情境2：变化的磁场附近真的存在电场吗？麦克斯韦的猜想有证据支持吗？教师在多媒体课件上展示图2.3-6所示的电子感应加速器，并分析如何让电子加速。教师提出表2.3-4所示问题,要求学生回答,培养学生的核心素养。

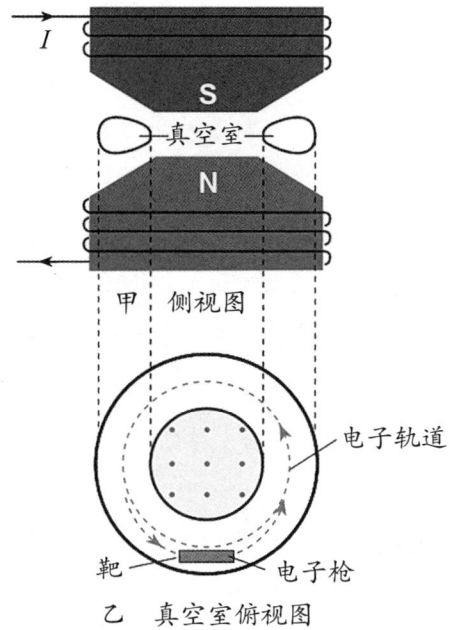

图2.3-6 电子感应加速器

表2.3-4 任务3情境2中的问题及问题指向的素养目标

问题	问题指向的素养目标
1.电磁铁中通以图2.3-6甲所示的恒定电流时,真空室中电子受力怎么样?	能根据安培定则判断磁场的方向,运用楞次定律判断感生电场的方向,判断电子的受力方向(科学思维) 能根据法拉第电磁感应定律推测当电流变化时,产生的感生电场的方向,从而分析电子受到的电场力(科学思维)
2.电磁铁中通以图2.3-6甲所示方向均匀减小或增加的电流时,所激发的磁场和感生电场沿着哪个方向,真空中的电子受力方向是什么,电子能被加速吗?	
3.电磁铁中通以与图2.3-6甲所示方向相反的均匀减小或增加的电流时,所激发的磁场和感生电场沿着哪个方向,真空中的电子受力方向是什么,电子能被加速吗?	
4.电子感应加速度器是哪个猜想的有力证据?	通过对电子感应加速器的分析,知道这是变化的磁场产生电场的有力证据(科学态度和责任)

教学建议

（1）思维引导建议。学生初步接触电子感应加速器，理解其原理有一定难度，因此教师引导学生先从磁场不变开始讨论，再讨论磁场均匀变化、反向均匀变化两种情况下，电子的受力和速度变化情况，以循序渐进、难度逐渐增加的方式引导学生思考，并鼓励学生根据已有的规律进行逻辑推理。

（2）教学活动建议。问题1比较简单，让学生快速回答；问题2应给予学生充分的时间独立思考，然后小组讨论后回答；问题3难度较大，引导学生综合带电粒子在磁场中运动的知识进行讨论并回答；问题4，教师引导学生知道科学的结论是需要证据支持的。

任务4 了解涡流的应用

问题情境1：教师在多媒体课件上展示真空冶炼炉（图2.3-7）和电磁感应铝箔封口机（图2.3-8）的图片，并下发相关资料，让学生阅读。教师提出表2.3-5所示问题，要求学生回答，培养学生的核心素养。

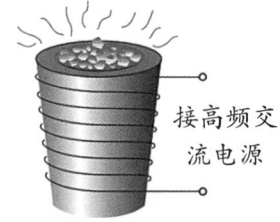
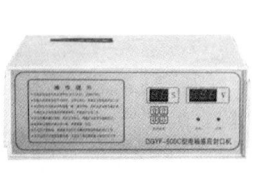

图2.3-7　真空冶炼炉　　　　　　图2.3-8　电磁感应铝箔封口机

表2.3-5　任务4情境1中的问题及问题指向的素养目标

问题	问题指向的素养目标
1.真空冶炼炉的原理是什么？如何提高冶炼的温度？	了解真空冶炼炉的原理（物理观念） 能根据法拉第电磁感应定律推理出提高真空冶炼炉冶炼温度的方法（科学思维）
2.感应加热法有哪些优点？还有哪些广泛的应用？	了解感应加热法的优点和应用（科学态度和责任）

续表

问题	问题指向的素养目标
3.铝箔封口机的原理是什么？生活中你用到过铝箔封口的产品吗？	了解铝箔封口机的原理及其在生活中的广泛应用（科学态度和责任）

教学建议

（1）思维引导建议。教师提醒学生观察真空冶炼炉的结构和电源特征，推测其是利用了涡流热效应进行加热的，并引导学生思考如何增加冶炼炉的温度。接着教师应让学生结合生活实际想一想，生活生产中还有哪些产品也利用了涡流的热效应进行跟踪，告诉学生IH电饭锅、铝箔封口机等都是利用了涡流的热效应。

（2）教学活动建议。教师用多媒体课件展示真空冶炼炉和铝箔封口机的照片，最好同时下载相关演示实验的视频，给学生播放工作过程，有条件的学校可以提供真空冶炼炉线圈实物（图2.3-9），在课堂上做实验，同时发资料给学生阅读相关原理，总结感应加热法的优点和铝箔封口机在生活中的运用，体会物理与生产、生活是密切相关的。

图2.3-9 真空冶炼炉线圈实物

问题情境2：教师用多媒体课件展示金属探测仪的图片（图2.3-10），并下发相关介绍资料。紧接着师生做互动游戏，请一名同学在衣服两侧口袋里随机装入硬币和橡皮，教师用金属探测仪进行探测，并找出硬币。要求学生回答表2.3-6所示问题，培养学生的核心素养。

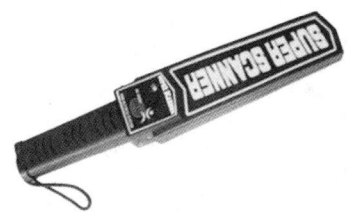

图2.3-10 金属探测仪

表2.3-6 任务4情境2中的问题及问题指向的素养目标

问题	问题指向的素养目标
1.金属探测仪的原理是什么，为什么不能探测到橡皮？	在教师的引导下，通过已有的知识和文献理解金属探测仪的原理，知道这是涡流的应用(物理观念)
2.生活中你还有遇到过其他关于涡流的应用吗？	能在讨论中知道机场和车站的安检门也是涡流的应用，体会物理原理在生活中的运用(科学态度和责任)

教学建议

（1）思维引导建议。教师演示金属探测仪探测金属的过程，引导学生仔细观察，然后提出问题：金属探测仪在不接触金属的情况下就能探测到金属，最有可能的原理是什么？并启发学生思考，生活中还有什么样的场所也用到了类似的探测设备。

（2）教学活动建议：在讨论问题1时，教师引导学生结合本节知识猜想或推测金属探测仪内部有什么核心的部件，再让学生回答问题。问题2允许学生大胆发言，思维可以适当发散，鼓励学生设计与涡流相关的产品。

任务5　了解涡流的危害和减小涡流的办法

问题情境：教师拿出可拆变压器，变压器一端接学生交流电源，另一端接小灯泡，工作一段时间后让学生感受铁芯的温度。要求学生回答表2.3-7所示问题，培养学生的核心素养。

表2.3-7 任务5中的问题及问题指向的素养目标

问题	问题指向的素养目标
1.变压器工作时，为什么未接入电路的铁芯会发热？	能用涡流的热效应解释铁芯发热的原因(物理观念)
2.铁芯的涡流有什么危害？	能分析涡流的危害(科学态度和责任)
3.在交变电流频率50Hz确定的情况下，可以通过什么方法减小涡流？	能根据欧姆定律与电阻定律，理解用硅钢片减小涡流的方法(科学思维、科学态度与责任)

教学建议

（1）思维引导建议。讨论问题前，教师应先介绍变压器的结构和基本原理，再进行演示实验。让变压器工作一段时间，可以请多位学生感受铁芯温度的变化。

（2）教学活动建议。问题1、2让学生讨论后回答，理解铁芯发热的原因和涡流的危害；问题3可以让学生观看可拆变压器的实物，同时结合多媒体课件上的变压器和电动机的铁芯细节的照片，了解变压器和电动机是使用硅钢片来减小涡流的。教师再向学生介绍街头变压器通过把铁芯浸在油里来加速散热，达到保护变压器的目的。

任务6　理解电磁阻尼和电磁驱动

问题情境1：教师在多媒体课件上展示图2.3-11，光滑的水平面上放置一个闭合的金属线圈，空间中存在竖直向下的匀强有界磁场，线圈右半部分处在磁场中，磁场右侧区域较大，左半部分无磁场。教师提出表2.3-8所示问题，要求学生回答，培养学生的核心素养。

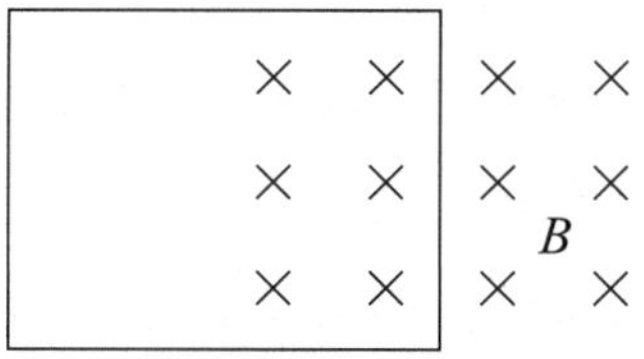

图2.3-11

表2.3-8　任务6情境1中的问题及问题指向的素养目标

问题	问题指向的素养目标
1.若给线圈一个向右的初速度，线圈受到的安培力方向指向哪里？安培力对线圈是动力还是阻力？	能用已掌握的知识判断安培力的方向，知道安培力既可以是动力，也可以是阻力（科学思维）
2.若线圈静止，磁场以一定的初速度向右运动，在磁场还没离开线圈前，线圈受到的安培力方向指向哪里？安培力对线圈是动力还是阻力？	知道涡流的机械效应有电磁阻尼和电磁驱动（物理观念）
3.若把线圈改成矩形金属块，效果一样吗？	

续表

问题	问题指向的素养目标
4.根据以上分析你能否总结出安培力方向的特点和作用效果	能总结出安培力总是与线圈和磁场间的相对运动方向相反,总是阻碍物体与磁场之间的相对运动的规律(科学思维)

教学建议

(1)思维引导建议。学生自己结合楞次定律分析安培力的方向,分析安培力充当动力或阻力的原因。教师继而引导启发学生,分析安培力与线圈和磁场相对运动的关系,得出安培力阻碍相对运动的结论。教师应该让学生体会到,电磁阻尼和电磁驱动虽然表象不同,安培力方向的本质却是可以统一的,这和摩擦力方向的特点是类似的。

(2)教学活动建议。问题1、2让学生独立思考后回答;分析问题3时,教师把两种情况的板书放在一起对比,给学生一定的时间思考,如果学生归纳不出来,教师可以提示学生类比摩擦力,继续让学生讨论,最后得出结论。

问题情境2:教师做好电磁阻尼的演示和分析,在多媒体课件中展示电磁阻尼摆(图2.3-12)、电表线圈骨架(图2.3-13)、短接正负极的电流表(图2.3-14)图片。教师提出表2.3-9所示问题,要求学生回答,培养学生的核心素养。

图2.3-12 电磁阻尼摆

图2.3-13 电表线圈骨架

图2.3-14 短接正负极的电流表

表2.3-9　任务6情境2中的问题及问题指向的素养目标

问题	问题指向的素养目标
1.为什么不放磁铁可以摆动很长时间,而放上磁铁后,铝片很快就停下来了,如果换成塑料摆,效果一样吗?	能根据涡流的机械效应分析实际问题(科学思维、科学探究)
2.阻尼摆摆动过程中能量是怎么转化的?	能从能量转化的角度分析阻尼摆(物理观念)
3.电表线圈的骨架用铝做有什么好处?	能体会到电磁阻尼在生产生活中的运用(科学态度和责任)
4.电表运输时为什么要用导线把正负极连接起来?	

教学建议

（1）思维引导建议。教师应带领学生先研究阻尼摆,再分析电表问题,更容易让学生接受。阻尼摆铝片的运动分两个过程,一个过程是铝片进入磁场,另一个过程是铝片离开磁场。这部分教学要结合楞次定律,不仅要从涡流产生的原因上分析,还应从能量转化的角度分析每个过程。在图2.3-15中,在铝片进入磁场或者离开磁场时,引导学生建立闭合回路模型,分析感应电流和安培力的方向,推导出安培力对铝片的运动是一种阻碍。由于感应电流(涡流)对应的安培力对铝片做负功,机械能会转化为电能,最后变成热能耗散到周围空气中,因此铝片很快就停下来了。塑料片因为无法产生感应电流,也就不会受到安培力,不会把机械能转化为热能,因此停下较慢。

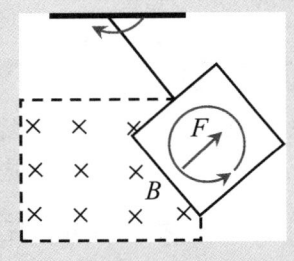

图2.3-15

电表的骨架是教材中思考与讨论部分的内容,有了对图2.3-11中模型的探讨,学生就很容易理解涡流的机械效应。教师应引导学生自主分析电表的结构,明确其工作原理,即被测电流通过线圈时,线圈受到安培力带动指针转动,铝框在磁场中转动产生感应电流,磁场对感应电流的作用阻碍铝框的运动,于是指针可以快速稳定在读数的位置上。

电表在运输时需要把正负极接在一起,不仅铝框受到电磁阻尼,内部线圈组成闭合回路，同样产生感应电流，受到电磁阻尼，减少运输时晃动，保护电表。

（2）教学活动建议。问题1、2，教师启发学生建立模型，学生自主分析涡流和安培力的方向，并从能量转化角度分析过程；问题3、4教师通过实物演示、多媒体课件播放电表结构的放大图等方法，让学生明确电表的结构和原理，再让学生讨论铝框的作用并分析运输电表时正负极短接的原因。

问题情境3：教师做演示。如图2.3-16，用若干根圆柱体的笔套做滚轮，把铝板放置在上方，强磁铁在铝板上方（不接触铝板）快速移动，铝板也被带动起来。展示图2.3-17所示感应电机模型图，转动磁铁，铝框也跟着旋转起来，再用塑料框做对比实验。展示图2.3-18所示三相交流感应电动机模型图和实物图。教师提出表2.3-10所示问题，要求学生回答，培养学生的核心素养。

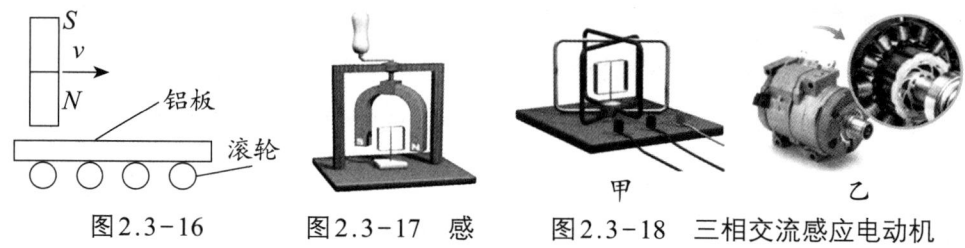

图2.3-16　　图2.3-17 感应电机模型图　　图2.3-18 三相交流感应电动机模型图（甲）及实物图（乙）

表2.3-10　任务6情境3中的问题及问题指向的素养目标

问题	问题指向的素养目标
1.图2.3-16中铝板为什么会跟随磁铁运动？	能分析铝板运动的原因，知道这是电磁驱动的表现（科学思维、科学探究）
2.图2.3-17中铝框旋转是气流带动的吗？如何排除气流的影响因素？	会根据已有知识分析铝框旋转的原因，知道这是电磁驱动现象（科学思维、科学探究）
3.图2.3-18甲，三个线圈接在三相交流电源上，可以使线圈依次通电，相当于一个什么样的磁场，铝框能旋转吗？	能在教师引导下知道三相交流能产生旋转的磁场，可以使铝框转动（科学思维）
4.图2.3-18乙所示是交流感应电动机，你知道它有什么优点，现在广泛应用在什么领域吗？	知道感应电动机的优点和应用（科学态度和责任）

教 学 建 议

（1）思维引导建议。分析电磁驱动时，也应和学习电磁阻尼的过程一样，从涡流的产生和能量转化的角度分析物理过程。分析图2.3-16的演示实验，教师应引导学生画出等效闭合回路（图2.3-19），判断感应电流方向和铝板的受力方向，感应电流（涡流）对应的安培力推动铝板运动，这就是电磁驱动。此过程中是外力对磁铁做功，磁铁通过磁场再对铝板做功，转化为铝板的动能和电热能，磁悬浮列车的驱动类似于这样的电磁驱动。图2.3-18的感应电动机原理也是电磁驱动现象，换成三相交流电也可以形成旋转的磁场，使铝框运动。交流感应电动机的优点是不需要电刷，可以提高交变电流的频率来增加转速等。目前感应电动机在电动汽车领域广泛应用。

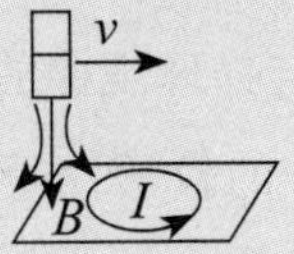

图2.3-19

（2）教学活动建议。问题1、2可让学生先亲自操作，体验实验过程，再自己建立模型，分析原因，并回答问题；问题3，学生缺乏三相交流电的知识，教师应给予补充，帮助学生理解把三根导线依次通电等效成一个旋转的磁场；问题4可以先让学生讨论相关应用，教师再总结，介绍电磁驱动在生产生活中的应用。

五、教学设计点评

从指向核心素养的教学角度考虑，要创设情境，让学生获得体验，通过以学为中心的教学方式培养学生的核心素养。教学设计应以"观察体验、探究原因、认识规律、应用规律"这样的思路，打造成一节从真实情境问题出发、思考背后的物理规律、学习应用物理规律、建模解决实际问题的物理课堂。

浙江省桐乡市高级中学　马炜

第四节 互感和自感

一、教学内容与学生分析

本节教学内容包括互感现象、自感现象、自感系数和磁场的能量四个部分，教学中以探究互感和自感为主线，让学生经历必要的认知过程，利用"延迟判断"的探究教学策略，适当改进演示实验，变陈述性问题为设计性问题，让学生积极参与物理规律的发现和推理过程，主要的特色体现在以下几个方面：(1)对于"互感"的教学，通过无线通信演示实验引出互感及其应用，充分激发学生探索规律的积极性。(2)对于自感的教学，着眼于让学生先猜测，再观察，验证猜测的正确性，最后展开充分的讨论，攻克重难点。学生在质疑、猜测和不断探究中理解实验中所发生的物理过程。

本节课是电磁感应现象具体运用的两个实例。学生已经学习了感应电流产生的条件、楞次定律和法拉第电磁感应定律等知识，在此基础上进一步对互感、自感现象进行研究，既是对电磁感应规律的巩固和深化，也为后续学习变压器、电磁振荡与电磁波奠定了知识基础。同时，互感、自感现象与人们日常生活、生产技术有着密切的关系，具有很强的实践应用价值，因此，学习该部分知识有着非常重要的现实意义。

二、任务分解

图2.4-1所示为本节教学设计的任务分解流程图。

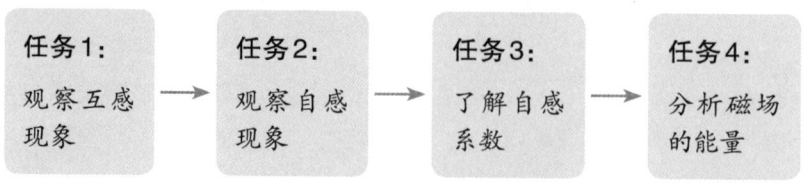

图2.4-1 任务分解流程图

三、学生学习路径

图2.4-2所示为本节教学设计的学生学习路径图。

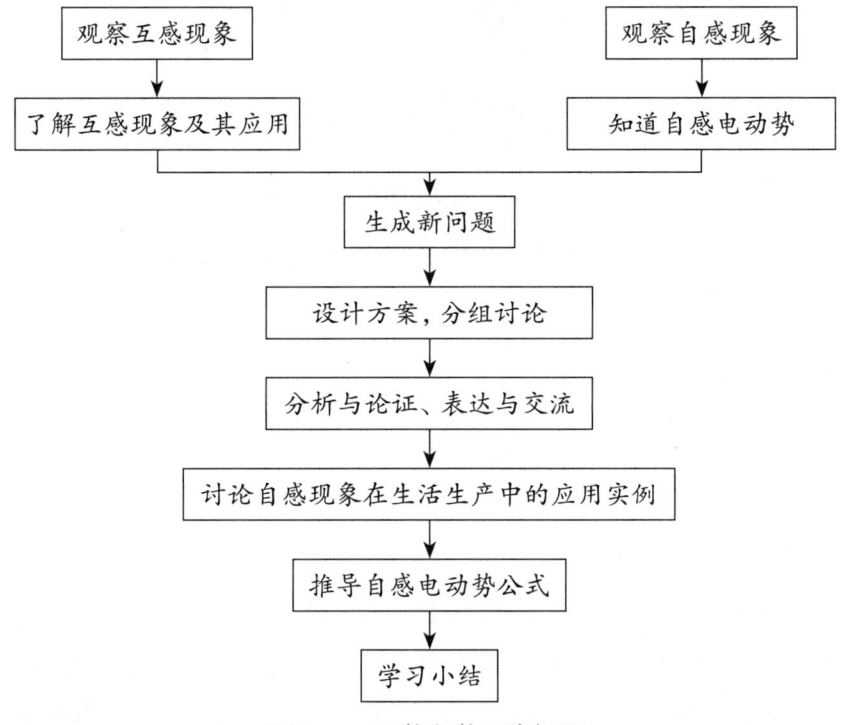

图2.4-2　学生学习路径图

四、教学活动

任务1　**观察互感现象**

问题情境1：如图2.4-3所示是法拉第发现电磁感应现象的实验原理图之一。

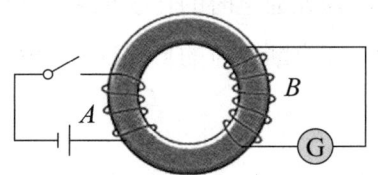

图2.4-3　发现电磁感应现象的实验原理图

问题情境2：如图2.4-4所示的无线通信演示实验中，手机播放音乐时，线圈和线圈之间有一定的距离，喇叭却也能发出音乐声。

教师提出表2.4-1所示问题,要求学生回答,培养学生的核心素养。

图2.4-4 无线通信演示实验

表2.4-1 任务1中的问题及问题指向的素养目标

问题	问题指向的素养目标
1.情境1中,线圈B所在的电路中没有电源,为何会有电流产生?	利用物理学中"类比"的思想,设计互感现象实验,让学生对互感现象有初步的感性认识(物理观念)
2.两个情境之间有何相似之处?有何区别?	

教学建议

(1)思维引导建议。通过问题1引出互感现象。

(2)教学活动建议。问题1、2由教师提问,学生独立回答。同时,教师通过之前学习电磁感应的知识和分析电磁感应问题的方法向学生解释为什么"断路"中会出现电流,得到互感电动势的概念,并强调互感现象是一种特殊的电磁感应现象。

任务2 观察自感现象

实验1:展示图2.4-5,探究通电时的自感现象,解释现象产生的原因。

实验2:展示图2.4-6,探究断电时的自感现象,解释现象产生的原因。

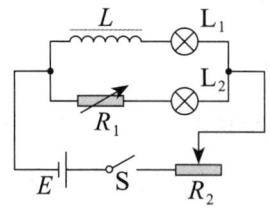 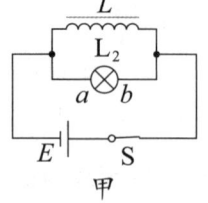 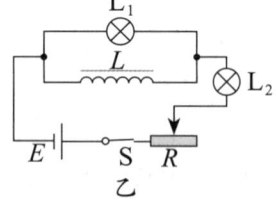

图2.4-5 通电自感现象实验图　　图2.4-6 断电自感现象实验图

> **教 学 建 议**
>
> （1）思维引导建议。通过实验和分析，发现线圈中电流发生变化时，线圈会产生自感电动势，思考自感电动势在电路中到底起到了什么作用。
>
> （2）教学活动建议。引导学生体会当原电流增加时，自感电动势起到"反抗"作用，当原电流减少时，自感电动势起到"补偿"作用，总结得到自感电动势的作用是阻碍原电流的变化。启发学生"线圈不允许通过它的电流发生突变"，这一点类似力学中物体的"惯性"。并强调"阻碍"不是"阻止"，增加的最终还是会增加，减少的最终还是要减少，自感电动势延缓了电流变化的时间，体现了它"赖皮"的特性。

任务3 了解自感系数

问题情境：自感现象是特殊的电磁感应现象，也应遵守电磁感应的一般规律。

让学生利用法拉第电磁感应定律分析：对于一个特定的线圈，自感电动势与哪些因素有关？

$$E = n\frac{\Delta \Phi}{\Delta t} = n \cdot \frac{\Delta B}{\Delta t} \cdot S$$

在学习电流的磁场时，学生已经知道，磁场的强弱正比于电流的强弱，即 $B \propto I$。所以上式可得到 $E \propto n \cdot \frac{\Delta I}{\Delta t} \cdot S$，对于一个特定的线圈，$n$、$S$ 是定值，所以认为 $E \propto \frac{\Delta I}{\Delta t}$，即自感电动势正比于电流的变化量与所用时间之比。

取比例系数为 L，写成等式，就是：$E = L\frac{\Delta I}{\Delta t}$

把上面的比例系数叫作自感系数 L，简称自感或电感。

为了纪念自感现象的发现人约瑟夫·亨利（1797—1878），将自感系数命名为亨利，他在1830年8月发现电磁感应现象，比法拉第还早一年，只是当时没有及时发表。

教师提出表2.4-2所示问题，要求学生回答，培养学生的核心素养。

表2.4-2　任务3中的问题及问题指向的素养目标

问题	问题指向的素养目标
1.从推导过程可知自感系数L与哪些因素有关？	推导得到自感电动势的表达式，明白实验与逻辑推理相结合是物理研究的基本方法（科学思维、科学探究）
2.电流相同时，不同的通电螺线管中的磁感应强度相同吗？	利用不同线圈的自感系数推导自感现象中的本质问题（科学研究）

教学建议

（1）思维引导建议。引导学生运用法拉第电磁感应定律推导：对于给定的线圈回路（面积不变），磁通量的变化是由于磁场变化引起的，而磁场变化又是由于电流变化而变化，得到自感电动势及自感系数。

（2）教学活动建议。问题1、2让学生小组讨论后回答，教师适时引导。

任务4　分析磁场的能量

教师提出表2.4-3所示问题，要求学生回答，培养学生的核心素养。

表2.4-3　任务4中的问题及问题指向的素养目标

问题	问题指向的素养目标
在断电自感的实验中，为什么开关断开后，灯泡的发光会持续一段时间？甚至会比原来更亮？试从能量的角度加以讨论	引导学生从能量角度分析问题（物理观念、科学思维）

教学建议

（1）思维引导建议。通过这一问题，让学生对通断电自感过程当中的能量变化情况有更清晰的认识。同时，物理观念当中的关键要素又包含物质观念、运动观念、相互作用观念和能量观念。因此，在不同的物理概念和知识当中，都应该让学生认识到其中的能量变化情况对于整体能量观念的建构具有十分重要的意义。

（2）教学活动建议。引导学生从能量的角度，分析自感现象中的能量转换，也可把自感现象跟力学中的"惯性"进行类比，把自感现象比作变化电路中的一种"惯性"，而自感系数是这个"惯性"大小的"量度"。

五、教学设计点评

在常规教学中，教师需要在教学过程中利用已有的电磁感应相关知识分析电磁感应问题，从而解决互感和自感的新问题，进而培养学生基于已知信息和方法分析未知问题的科学推理和科学论证的能力；同时，也需要通过实验现象，加深学生对互感模型的建构和理解，引导学生认识到互感模型也是电磁感应模型的一种特殊情况。这样不仅可以锻炼学生建构模型的能力，也可以将新旧模型进行联系，加深对电磁感应模型的理解，这对于今后学生学习交变电流有着重要的作用。在科学探究能力上，学生已经具备一定的探究、合作学习的能力，已经掌握了一定的科学方法和实验技能，但是学生在设计实验以及改进实验使其达到最佳实验效果的能力上还有待加强。

本节教学设计的亮点主要体现在：（1）实验激发思维，吸引学生注意。为激发学生的学习兴趣，设计实验，将一个手机里的音乐通过两个互不相连的线圈从音箱中播出，让实验引发学生的求知欲和探究欲，使学生积极思考并自然进入主题。（2）巧妙设计实验，诠释思维奥秘。引导学生总结互感含义并过渡到自感现象，通过理论讲解和实验演示相结合，有效地帮助学生理解了互感与自感的基本原理。教学内容条理清晰，层次分明，有助于学生逐步深入理解互感与自感。

浙江省海宁紫微高级中学　傅雄鹰

第三章
交变电流

本章的教学设计设置了一系列观察任务，引导学生建立交流电流、变压器、电能输送等物理观念或模型，拓展物质观和相互作用的观念；通过一系列探究任务，引导学生利用电磁感应规律分析与理解发电机工作原理、变压器工作原理，认识交变电流并归纳出描述交变电流的物理量，同时引导学生将能量转化和守恒观念运用到对变压器、输电导线电能损失与远距离输电原理的探究中；教学过程中，将发电机、变压器及远程输电的实物、模型、图片和视频等引入课堂，让学生直接观察，加强学生对科学仪器结构的认识，丰富学生真实情境的体验感，提高学生的学习兴趣，培养学生的科学素养。

在教学过程中，突出问题解决过程及实验探究与理论探究的结合。首先，提供一个线圈在匀强磁场中旋转的场景，应用右手定则和法拉第电磁感应定律探究线框中电流的变化情况，总结电流的变化规律，并让学生自主描绘和描述一个周期内电流的变化情况；其次，通过实验，引导学生观察变压器原、副线圈电压与匝数的关系，并从电磁感应和能量转换的角度分析、总结变压器的工作原理；最后，通过远程输电模型的建构，在理论上引导学生分析出减小输电线电阻和提高输电电压可减少线路上的能量损耗。

本章是电磁感应的应用性知识，现代社会生活与交变电流的联系非常密切，在教学设计中充分列举生产生活中交变电流的应用实例，引导学生了解科学发展和工业革命对社会发展的重要意义，讨论电网发展对社会生活和社会进步的重要作用，通过这样的教学活动，培养学生对科学的热爱和应用科学知识进行工程创造的探索精神。

第一节　交变电流

一、教学内容与学生分析

交变电流的概念是在恒定电流基础上建立起来的，学生首先要通过观察演示实验中二极管的交替发光情况了解交流电的方向变化，再通过电压传感器或示波器演示的波形认识电器中的交变电流，了解交流电的特点是电流或电压的大小和方向都随时间做周期性变化。在此基础上，要在分析发电机的工作过程中应用电磁感应知识，根据发电机的旋转过程，应用右手定则和法拉第电磁感应定律，明确线圈上电流的方向和大小，建立正弦式交流电模型。教师要在教学过程中引导学生合理运用科学的方法，通过观察发现问题，通过理性分析和推理解决问题，并建立物理模型。

从学生的认知结构来看，本节课是电磁感应知识的继续与延伸，学生已经有了磁场、磁通量、正弦（余弦）函数等概念的支撑，知道正弦曲线周期性的特点。本节在利用法拉第电磁感应定律的基础上，先要建立发电机中性面和交变电流的瞬时值、最大值（峰值）概念。教师要引导学生总结求解最大值和瞬时值的表达式，指导学生求解思路和步骤，培养学生数形结合的能力。教材对交流电的相位没提出过高要求，教师在教学过程中要适当处理，避免学生对"正弦式交流电"与"余弦式交流电"的过度讨论。

二、任务分解

图3.1-1所示为本节教学设计的任务分解流程图。

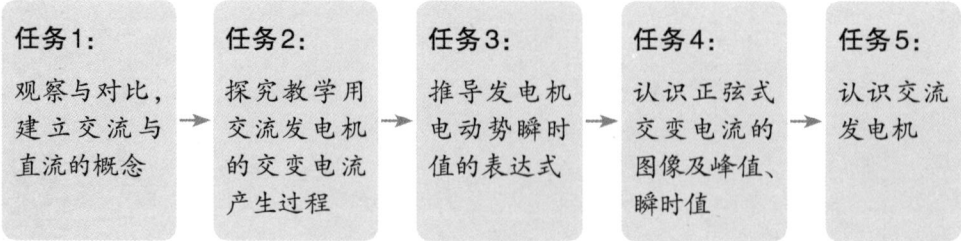

图3.1-1　任务分解流程图

三、学生学习路径

图3.1-2所示为本节教学设计的学生学习路径图。

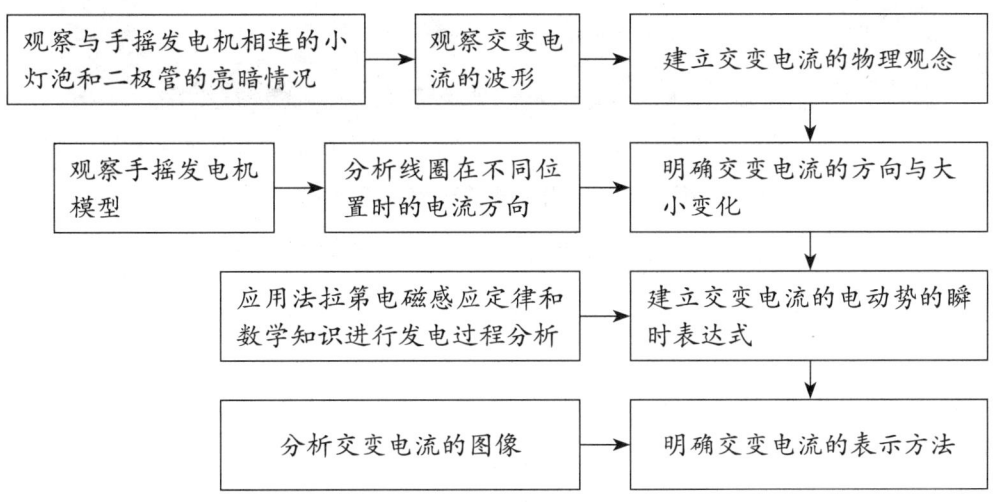

图3.1-2　学生学习路径图

四、教学活动

任务1　**观察与对比，建立交流与直流的概念**

问题情境：如图3.1-3所示，导线单向切割磁感线，给小灯泡供电；如图3.1-4所示，教学用手摇发电机给小灯泡和二极管供电；如图3.1-5所示，用示波器分别观察干电池、学生电源交流端供给的电压波形。教师提出表3.1-1所示问题，要求学生回答，培养学生的核心素养。

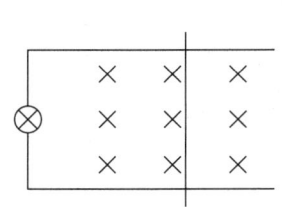

图3.1-3　导线切割磁感线

图3.1-4　手摇发电机给小灯泡和二极管供电

 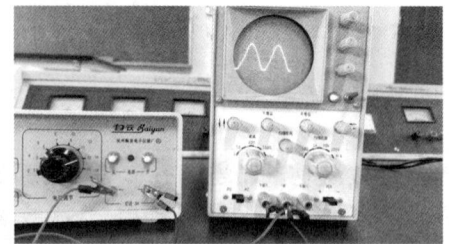

甲　干电池电压波形　　　　乙　学生电源交流端电压波形

图3.1-5　用示波器观察电压波形

表3.1-1　任务1中的问题及问题指向的素养目标

问题	问题指向的素养目标
1.图3.1-3中,小灯泡能否长久发光?发光时流过小灯泡的电流方向如何?	认识交变电流在生产生活中的应用(科学态度与责任)
2.图3.1-4中,一直快速摇动发电机,小灯泡能否一直点亮?	
3.图3.1-4中,手摇发电机时,小灯泡的点亮情况与手摇快慢有什么关系?小灯泡闪烁的原因是什么?将小灯泡换成发光二极管,可以看到什么现象?	知道生活中电力系统的电动势随时间周期性变化;知道电动势大小与发电机转动快慢有关(物理观念)
4.如图3.1-5所示,从示波器显示的学生电源交流端的电压波形可以看出,交变电压随时间如何变化?	了解交变电流和直流的概念(物理观念)
5.如图3.1-5所示,从示波器显示的干电池的电压波形可以看出,恒定电压随时间如何变化?	

教学建议

（1）思维引导建议。通过分析导线单向切割磁感线与手摇发电机给小灯泡供电，引导学生认识生活中交变电流的重要意义。观察不同电源电压波形图时，注意引导学生进行对比，在波形对比的基础上给出交流电和直流电的定义。除了干电池，还可以观察手机充电器输出的电压波形，引导学生注意生活中可以将交流电变成直流电。

（2）教学活动建议。问题1让学生独立思考后回答；问题2、3、4、5建议教师演示实验后引导学生进行观察和思考，然后回答。问题3中，要向学生交代二极管的单向导通特性，只有电流从正极进入，二极管才能导通并发光。

> **任务2** 探究教学用交流发电机的交变电流产生过程

问题情境：如图3.1-6所示，为交流发电机示意图；如图3.1-7所示，为线圈转动时产生的感应电流i-t坐标图。教师提出表3.1-2所示问题，要求学生回答，培养学生的核心素养。

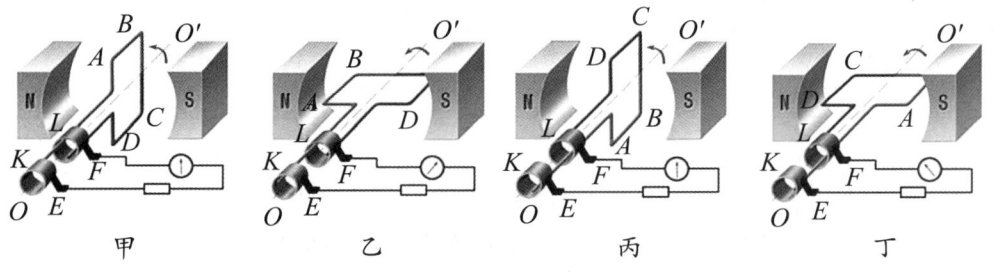

图3.1-6 交流发电机示意图

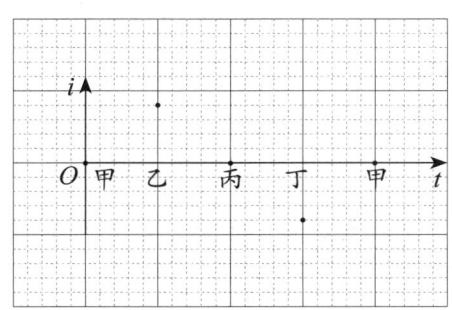

图3.1-7 线圈转动时产生的感应电流i-t坐标图

表3.1-2 任务2中的问题及问题指向的素养目标

问题	问题指向的素养目标
1.交流发电机两磁极间的磁场如何分布？	了解交流发电机的结构（科学思维、科学探究）
2.线圈$ABCD$产生的感应电流如何与外电路连接？	
3.甲、丙两图中通过线圈的磁通量如何？此时AB、CD有无切割磁感线？	理解中性面的概念（物理观念）

续表

问题	问题指向的素养目标
4.线圈由甲转到乙的过程中，AB边中电流向哪个方向流动？	会根据右手定则判断线圈运动时线圈上感应电流的方向（科学思维、科学探究）
5.线圈由丙转到丁的过程中，AB边中电流向哪个方向流动？	
6.当线圈转到什么位置时线圈中没有电流，转到什么位置时线圈中的电流最大？	会根据电磁感应定律判断感应电流的大小（科学思维）
7.假设电流从E经过负载流向F的方向记为正，反之为负，在横坐标轴上标出线圈到达图3.1-6中甲、乙、丙、丁几个位置时对应的时刻，大致画出感应电流随时间变化的曲线	根据分析进行猜想，初步画出电流大小和方向随时间变化的图像（科学探究）

教学建议

（1）思维引导建议。对线圈所处的特殊位置，利用右手定则和电磁感应定律分析发电机所产生的电流的大小和方向，先要引导学生明确中性面的位置及特点。在利用右手定则时，可先画上磁感线的方向。

（2）教学活动建议。问题1和2，可以让学生在观察发电机模型的基础上自主回答。问题3，建议由学生讨论后，老师进行总结和说明，以明确中性面的概念。问题4~7，建议由学生进行小组讨论，在小组合作的基础上猜测和描绘通过发电机负载的 i-t 图像，教师对不同小组的猜想和结果进行展示。

任务3 推导发电机电动势瞬时值的表达式

问题情境：设线圈旋转的角速度为 ω，AB 和 CD 的长度为 l，AD 和 BC 的长度为 d，从线圈刚好转到中性面开始，t 时刻线圈转到任意位置（如图3.1-8所示）。教师提出表3.1-3所示问题，要求学生回答，培养学生的核心素养。

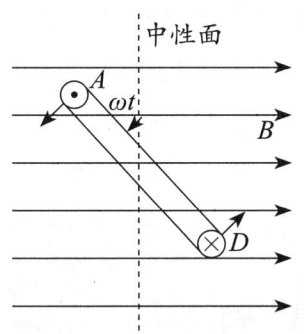

图3.1-8 线圈转到任意位置

表3.1-3 任务3中的问题及问题指向的素养目标

问题	问题指向的素养目标
1.线框转过的角度θ是多少,线框旋转过程中AB和CD的速度v多大?	能根据圆周运动规律,写出转过的角度与时间的关系和切割磁感线的导体的线速度(科学思维)
2.线框上产生的感应电动势多大?	能根据法拉第电磁感应定律,写出线框上产生的感应电动势的大小(科学思维)
3.如果线圈匝数为N,线框上产生的感应电动势多大?	能根据电路的串联关系,写出线圈的总电动势大小(科学思维)

教学建议

（1）思维引导建议。通过对任一时间线圈所处位置的分析，找到线圈中切割磁感线的导体棒，并能运用圆周运动和运动分解的知识分析导体棒的切割速度，让学生自主运用法拉第电磁感应定律写出导体棒上的电动势大小。要引导学生对线框结构进行分析，求出线框上的总电动势为AB、CD导线所产生电动势之和，进而了解当线圈匝数为N时，发电机产生的电动势大小。

（2）教学活动建议。问题1～3可以按先后顺序进行展示，引导学生自主运用已有知识解决新情境下的问题，教师在推导过程中及时观察学生的表现，适时给予指导。

任务4　认识正弦式交变电流的图像及峰值、瞬时值

问题情境：用多媒体课件展示电压传感器显示的正弦式交变电流波形图（图3.1-9）、锯齿形电压波形图（图3.1-10）和矩形脉冲的波形图（图3.1-11）。教师提出表3.1-4所示问题，要求学生回答，培养学生的核心素养。

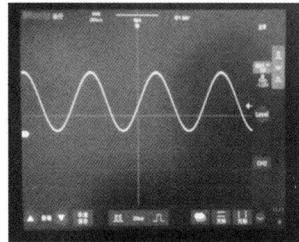

图3.1-9　正弦式交变电流波形图

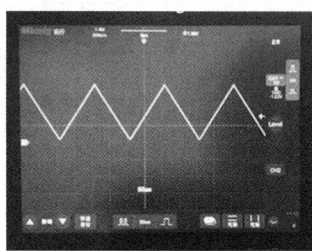

图3.1-10　锯齿形电压波形图

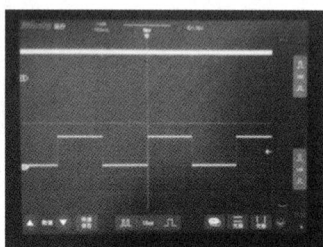

图3.1-11　矩形脉冲电压波形图

表3.1-4　任务4中的问题及问题指向的素养目标

问题	问题指向的素养目标
1.根据发电机电动势瞬时值的表达式，画出电动势随时间变化的图像，对比自己在任务2问题7中大致画出的图像，自己的猜想是否符合实际？	能根据数学表达式画出对应的图像（科学探究）能将理论分析与实践猜想进行对比（科学态度和责任）
2.发电机产生电动势的最大值为多大？此时发电机线圈平面位于什么位置？	能写出交变电流的峰值（物理观念）
3.当发电机负载为电灯等纯电阻用电器时，负载两端的电压u、流过的电流i，按什么规律变化？画出u-t和i-t图像	能根据欧姆定律写出电压和电流的表达式并画出图像（科学思维）
4.图3.1-10和图3.1-11所示的锯齿形电压和矩形脉冲电压也是交变电流吗？举出电子技术中用到脉冲电压的实例	对比正弦式交流电和其他交流电，联系实际了解脉冲电压（或电流）在数字电路中的应用（科学态度和责任）

教学建议

（1）思维引导建议。在理性分析的过程中引导学生将实际图像与通过特殊位置分析所得到的图像进行对比，根据理论分析的数学表达式和图像分析的交变电流变化规律，进一步理解中性面的概念。引导学生理解交

变电流的 e、u、i 的变化规律是一致的。在其他交变电流的介绍中，不必过于强调电压的大小如何变化及其周期等，重点是引导学生知道除正弦式交流电外，电子技术中还有多种不同形式的交流电在广泛应用。

（2）教学活动建议。问题1要引导学生进行对比，可以让学生讲讲猜想的依据；问题2、3建议让学生自主完成；问题4中，对于电子技术中锯齿形电压和矩形脉冲电压的应用，建议教师举出几个具体的例子。

任务5　认识交流发电机

问题情境：让学生观看视频"发电机的结构"，用多媒体课件展示图3.1-12。教师提出表3.1-5所示问题，要求学生回答，培养学生的核心素养。

图3.1-12　发电机的结构

表3.1-5　任务5中的问题及问题指向的素养目标

问题	问题指向的素养目标
1. 发电厂里的交流发电机的基本组成部分有哪两部分？旋转电枢式发电机和旋转磁极式发电机的转子和定子各是什么？	了解发电机的基本结构（物理观念、科学思维）
2. 为了产生更高电压和更大输出功率，一般发电厂的发电机是哪一种？为什么？	
3. 蒸汽轮机、水轮机带动发电机输送给外电路的电能是从哪种形式的能量转化来的？	理解发电机工作过程中的能量转化关系（科学思维）

> **教学建议**
>
> （1）思维引导建议。线圈与磁体作为发电机的主要构成部件，在工程中通常叫作电枢和磁极，教学中要引导学生将物理教学中的习惯叫法与工程技术中的名词对应起来。引导学生自主理解旋转电枢式发电机和旋转磁极式发电机的转子和定子分别是哪个部分。旋转电枢式发电机电流的输出可结合教学用发电机的电刷结构进行展示。通过分析发电机发电过程中的能量转化过程，适当引导学生在生活中注意节约用电。
>
> （2）教学活动建议。发电机的结构相对来说比较简单，问题1、2可让学生自学课本，结合相关视频和图片进行回答；问题3要引导学生从能量转化和守恒的角度进行分析，培养学生运用能量观点理解生活中问题的意识。

五、教学设计点评

交变电流在实际生活和生产中有比较普遍的应用，但学生对交变电流产生过程的生活情境体验缺失，一般教学中通过实例引入交流电的概念和特点，激发学生的学习兴趣，再结合发电机模型分析讲解正弦交流电的产生原理和变化规律，在此过程中组织学生讨论并提问，培养学生的观察能力和空间想象能力，引导学生运用数学知识解决物理问题。从核心素养培养的角度，在一般的教学设计基础上，设计具体的学习任务，引导学生在实践与体验的基础上，主动应用学到的电磁感应相关知识，从而更有效地构建出交变电流的科学概念，培养学生的科学思维。

浙江省桐乡市凤鸣高级中学　罗成

第二节 交变电流的描述

一、教学内容与学生分析

本节内容的要求为：能用公式和图像描述正弦交变电流。学生能够根据交流电的特征，会用函数表达式来描述交变电流，并知道交变电流公式中的电流或电压的最大值、瞬时值、有效值以及它们之间的相互关系；能够用图像来表示一个交变电流，并根据图像特征找出电流或电压的最大值、有效值和某一时刻的瞬时值。学生应能明确描述交变电流的另外两个重要物理量——周期与频率，理解其意义，知道我国供电系统的交流电频率。相位和相位差不作要求。

通过本节教学，让学生知道可以用图像全面、细致地描述交变电流。交变电流具有周期性，这种周期性可以用周期或频率描述，它们描述了交变电流变化的快慢。峰值描述电流和电压在变化过程中的最大值，反映交变电流的变化范围。有效值概念是本节的难点，要理解有效值是依据"电阻产生的焦耳热相等"这一意义来定义的。

学生在学习圆周运动内容时熟悉周期、频率和角速度的含义及它们的物理意义，在数学课程中对正弦函数和余弦函数有了深入了解，熟悉它们的图像。用数学表达式和图像描述交变电流使学生容易接受，学习不会遇到很大的困难。有效值概念是本节教学的难点，学生难以把握有效值的含义，教学时可以从计算交变电流通过电阻时产生的热量这样的问题来引入有效值概念。

二、任务分解

图3.2-1所示为本节教学设计的任务分解流程图。

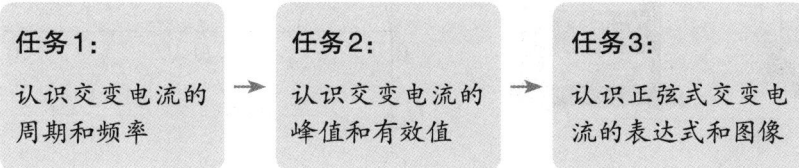

图3.2-1 任务分解流程图

三、学生学习路径分析

图3.2-2所示为本节教学设计的学生学习路径图。

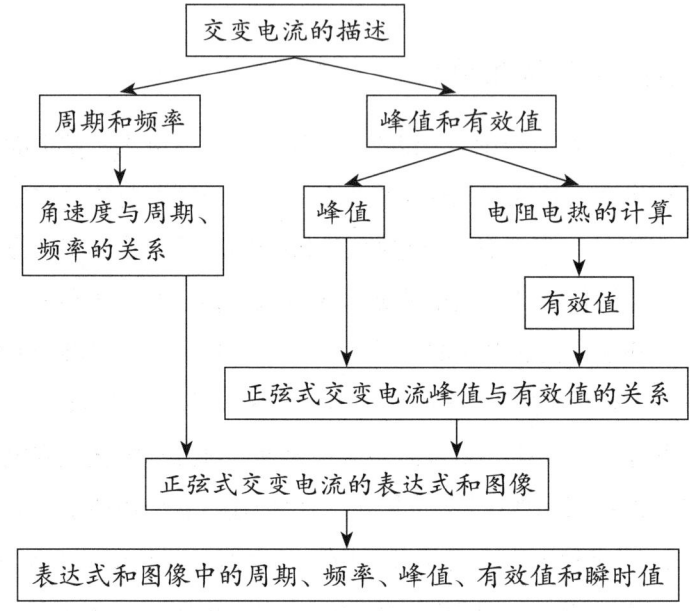

图3.2-2　学生学习路径图

四、教学活动

任务1　认识交变电流的周期和频率

问题情境：动画演示交变电流的完整产生过程（图3.2-3），并展示一个典型的正弦式交变电流波形图（图3.2-4）。教师提出表3.2-1所示问题，要求学生回答，培养学生的核心素养。

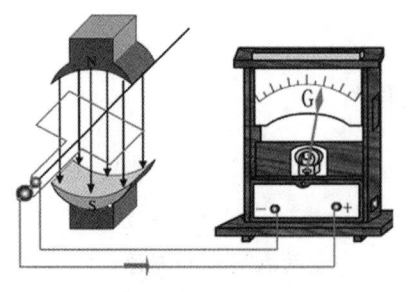

图3.2-3　交变电流的完整产生过程

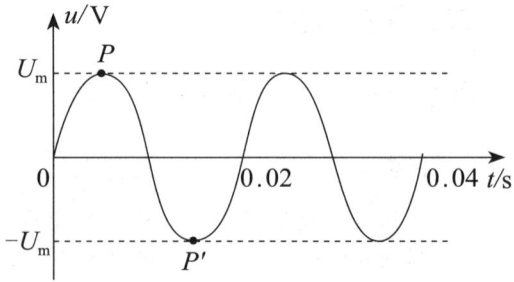

图3.2-4　典型的正弦式交变电流波形图

表3.2-1　任务1中的问题及问题指向的素养目标

问题	问题指向的素养目标
1.交变电流有何特点？	知道交变电流的特点、周期、频率以及周期和频率的关系（物理观念）
2.图3.2-4所示的交变电流完成一次周期性变化所需的时间是多少？	
3.图3.2-4所示的交变电流1s内完成周期性变化的次数是多少？	
4.周期和频率是什么关系？	
5.$i=I_m\sin\omega t$中ω是指什么？它与周期和频率有何关系？	知道角速度与周期、频率的关系（物理观念）

教 学 建 议

（1）思维引导建议。回顾交变电流的产生过程主要是让学生回顾已学知识，强化交变电流是有周期性变化规律的，有利于学生接受周期和频率的概念。初次学习交变电流，这一概念在学生的脑海中还是比较抽象的，给出动画和典型交变电流图像有利于学生建立交变电流模型。为了让学生将$i=I_m\sin\omega t$表达式与典型交变电流模型和图像建立联系，要让学生对表达式中的字母的含义了如指掌。

（2）教学活动建议。建议不要直接问学生"什么是交变电流的周期？""什么是交变电流的频率？"而是从周期和频率的含义本质来引导学生思考，最后再给出周期和频率的概念。任务1及本节课后续任务各知识点都适合配例题进行巩固练习，后文不再重复赘述。

任务2　认识交变电流的峰值和有效值

问题情境：

（1）展示发电机中性面示意图（图3.2-5）以及线圈转动时产生的电动势e、电流i和电压u随时间变化的波形图（图3.2-6）。

（2）展示标有清晰耐压值的电容器图片（图3.2-7）以及某种交变电流随时间变化的波形图（图3.2-8），并假设该交变电流通过一个阻值为1Ω的电阻。

教师提出表3.2-2所示问题，要求学生回答，培养学生的核心素养。

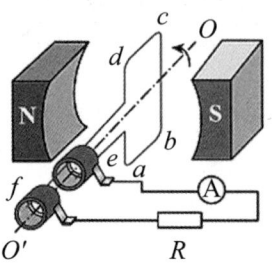

图3.2-5 发电机中性面示意图

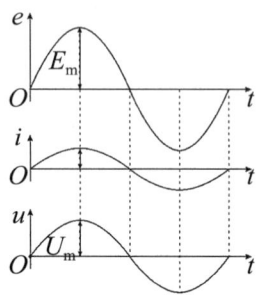

图3.2-6 电动势e、电流i和电压u随时间变化的波形图

图3.2-7 标有清晰耐压值的电容器图片　　图3.2-8 某种交变电流的波形图

表3.2-2 任务2中的问题及问题指向的素养目标

问题	问题指向的素养目标
1.你能根据上节课所学知识写出图中电动势、电流和电压的表达式吗？	知道交变电流的表达式和峰值的表示（物理观念）
2. $u=U_m\sin\omega t$这个表达式中U_m是表示什么意思？电容器标注的耐压值是否可以低于这个值？	知道电容器耐压值应该高于所接交流电路的峰值（物理观念）
3.怎样计算通电1s内电阻中产生的热量？	会用焦耳定律分段计算电热（科学思维）
4.如果有一个大小、方向都不变的恒定电流通过这个电阻，也能在1s内产生同样的热，这个电流是多大？	会用等效方法和焦耳定律求得交变电流的有效值（物理观念和科学思维）
5.正弦式交变电流的峰值和有效值有何关系？电路和用电器中通常所说的是有效值还是峰值？	知道正弦式交变电流的峰值和有效值之间的关系（物理观念）

> **教 学 建 议**

（1）思维引导建议。问题1的主要目的有两个，一是要让学生熟悉交变电流的表达式，二是要让学生清楚表达式中瞬时值、峰值和有效值的写法都有固定格式，不能乱写混用。要通过交变电流的峰值引出 $E_m=NBS\omega$ 公式，并让学生再次理解该公式的适用情况和意义。分段计算交变电流的电热也是一种学生应该掌握的方法，要作为方法教育进行强调。

（2）教学活动建议。有效值概念的得出要突出等效思想，引用图3.2-9所示内容，可以有效地让学生加深印象。对于有效值和峰值的一些说明要向学生进行解释，例如，交流用电器的额定电压和额定电流指的是有效值；交流电流表和交流电压表的读数是有效值；通常电容器所标的耐压值指的是峰值，保险丝的熔断电流指的是有效值等。

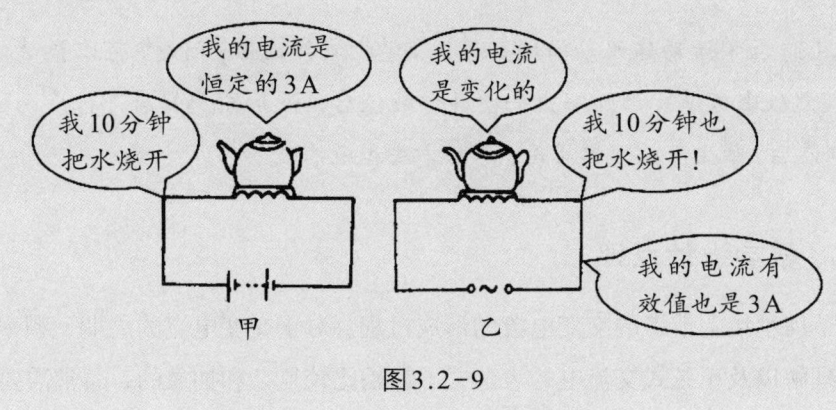

图3.2-9

任务3　认识正弦式交变电流的表达式和图像

问题情境：告诉学生，可以用交变电流的周期和频率来描述电流（或电压）的变化快慢，用峰值来描述变化过程中的最大值。如果要详细描述交变电流的情况可以用什么方式呢？教师提出表3.2-3所示问题，要求学生回答，培养学生的核心素养。

表3.2-3 任务3中的问题及问题指向的素养目标

问题	问题指向的素养目标
1.有什么方式可以详细、全面地描述交变电流每个时刻的电流(或电压)情况？	知道交变电流的描述方式和公式的详细表达（物理观念）
2.在已知 $i = I_m \sin\omega t$ 和 $u = U_m \sin\omega t$ 这两个表达式交变电流的周期 T 或频率 f，有效值或峰值的情况下，请写出进一步推导的表达式	

教学建议

（1）思维引导建议。交变电流的表达式在上一节中已经出现，这一次主要是针对描述交变电流的一些物理量进行的变式和更详细的表达。要注意与波形图的结合和理解，看表达式画波形图，看波形图写表达式，这是重点。

（2）教学活动建议。问题1可以让学生直接回答；问题2可以挑选学生到黑板上板演，教师给出一些具体数值后画波形图，然后进行反向操作。最后，师生可以一起讨论，总结方法和规律。

五、教学设计点评

本节课承接上节课的交变电流的形成过程，对于交变电流的周期、频率、有效值的理解以及正弦式交流电的表达式，都是比较复杂和抽象的，通常需要实验和动画的辅助，把抽象的电流用图像的形式表示出来，也是常规的教学设计思路，这样的教学设计从核心素养的角度分析也是很好的教学设计，教师可以利用好这些资源，让学生在教学情境中，结合相关数学知识完成交流电模型及相关公式的构建。

在情境和追问中，层层递进，落实学生科学思维和科学探究的素养目标是本节课要重点把握的环节，也是本节课能体现出亮点的地方。

浙江省桐乡市茅盾中学　朱建高

第三节 变压器

一、教学内容与学生分析

总体上这一节的内容是上一章电磁感应知识的延伸，通过这一节的学习，可以让学生了解电磁感应现象更广泛的应用，并从能的转化和传递的角度，进一步强化对电磁感应现象的认识，从而开阔学生的视野，提高学生学习物理的能力和兴趣。此外，变压器是交流电路中一种常见的电气设备，通过这一节的学习，为学习下一节电能的输送奠定基础。

本节课的内容主要由四个部分组成：1.变压器的提出，通过生活中需要改变电压的事实提出，并展示变压器图片；2.变压器的工作原理，介绍变压器的工作原理是互感；3.通过实验探究变压器线圈两端的电压与匝数的关系；4.了解理想变压器的变压规律及应用，通过实验误差的分析与推理，从能量守恒角度提出理想变压器模型。从教材编写的意图来看，教材重视实验与探究，突出培养科学思维，并体现与实际相联系的特点。

通过前面电磁感应整章的学习，学生已经对电磁感应、互感、涡流等原理有了一定的认识，有利于对变压器原理的理解。同时学生在以前的学习过程中经历了通过实验探究物理规律的过程，对科学探究的环节已有了初步的了解，特别是对控制变量法的应用已经有了较深的体会，有利于对变压器规律的探究和掌握。

二、任务分解

图3.3-1所示为本节教学设计的任务分解流程图。

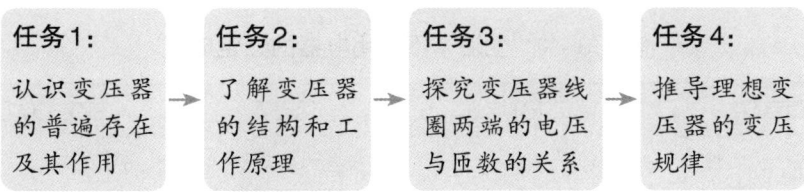

图3.3-1　任务分解流程图

三、学生学习路径

图3.3-2所示为本节教学设计的学生学习路径图。

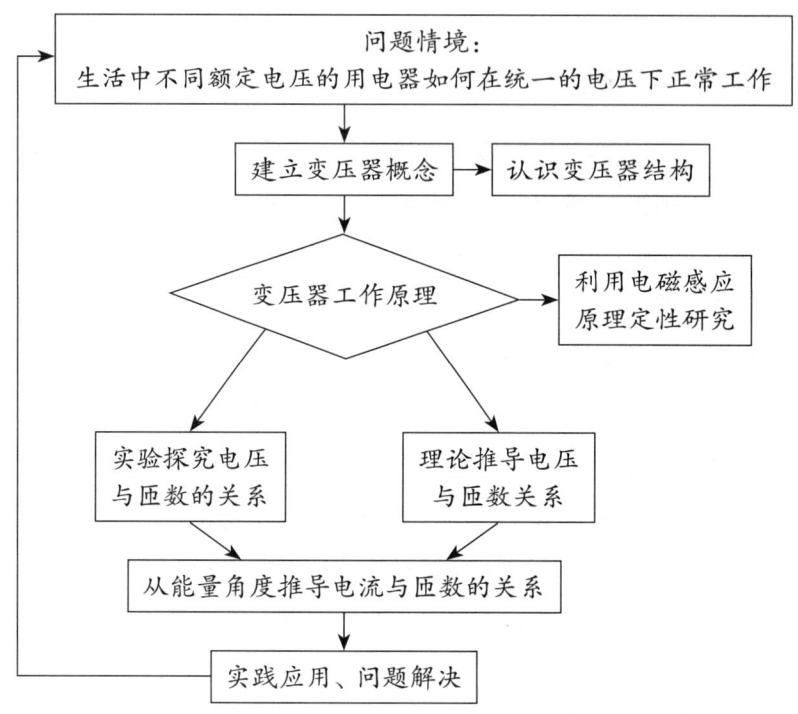

图3.3-2　学生学习路径图

四、教学活动

任务1　**认识变压器的普遍存在及其作用**

问题情境：展示生活中不同用电器的额定电压（表3.3-1），展示常见的变压器图片（图3.3-3）。教师提出表3.3-2所示问题，要求学生回答，培养学生的核心素养。

表3.3-1　生活中不同用电器的额定电压

用电器	额定工作电压	用电器	额定工作电压
家用冰箱、洗衣机	220 V	机床上的照明灯	36 V
扫描仪	12 V	防身器	3000 V

续表

用电器	额定工作电压	用电器	额定工作电压
手机充电器	4.2V, 4.4V, 5.3V	黑白电视机显像管	几万伏
录音机	6V, 9V, 12V	彩色电视机显像管	十几万伏

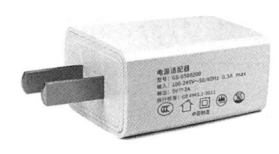

图3.3-3　生活中常见的变压器

表3.3-2　任务1中的问题及问题指向的素养目标

问题	问题指向的素养目标
1.我们国家民用统一供电均为220V,那么如何使那些额定电压不是220V的电器设备正常工作呢?	通过认识到用电器使用的不同电压与输送电压的冲突,引发学生提出物理问题——怎样让设备正常工作(科学探究)
2.图3.3-3中的设备分别是什么?在日常生活中,你在哪些场合见过变压器?见过什么样的变压器?在你见过或使用过的家用电器中,哪些可能含有变压器?它们有什么作用?	观察生活中常见的变压器,认识到变压器存在的普遍性(物理观念) 学生思考变压器的作用(科学探究)

教 学 建 议

（1）思维引导建议。从常见用电器额定电压与电网电压的矛盾出发,让学生思考解决问题的办法,从而引出变压器这一概念。

（2）教学活动建议。问题1、2可让学生讨论后回答。

任务2 了解变压器的结构和工作原理

问题情境1：展示教学用可拆卸变压器（图3.3-4）。教师提出表3.3-3所示问题，要求学生回答，培养学生的核心素养。

图3.3-4 教学用可拆卸变压器

表3.3-3 任务2情境1中的问题及问题指向的素养目标

问题	问题指向的素养目标
1.变压器由哪些部件构成？	了解变压器结构（物理观念）
2.变压器每个部分有什么作用？	对变压器构成部分及作用进行思考（科学探究）
3.变压器线圈之间及线圈与铁芯是否导通？	

> **教学建议**
>
> （1）思维引导建议。从变压器的认识过渡到变压器的构造，这是对变压器认识的深化，要引导学生从表象到结构、原理的思考。特别是思考变压器结构中各部分是否绝缘，为后面分析变压器的原理做好铺垫。
>
> （2）实验探究建议。可拆卸变压器可让学生自己动手拆解和组装，这既加深了学生的印象，也增强了学生的参与性。
>
> （3）教学活动建议。问题1、2让学生观察和体验后回答，然后教师总结变压器的结构：左右各有一个线圈套在铁芯上，其中一个与电源相连的称为原线圈（或初级线圈），另一个与用电器相连的称为副线圈（或次级线圈）；线圈是由绝缘的导线绕制的；闭合的铁芯是由涂有绝缘漆的薄硅钢片叠加而成的；线圈与铁芯彼此绝缘。画出变压器的结构示意图和符号，如下图3.3-5所示。

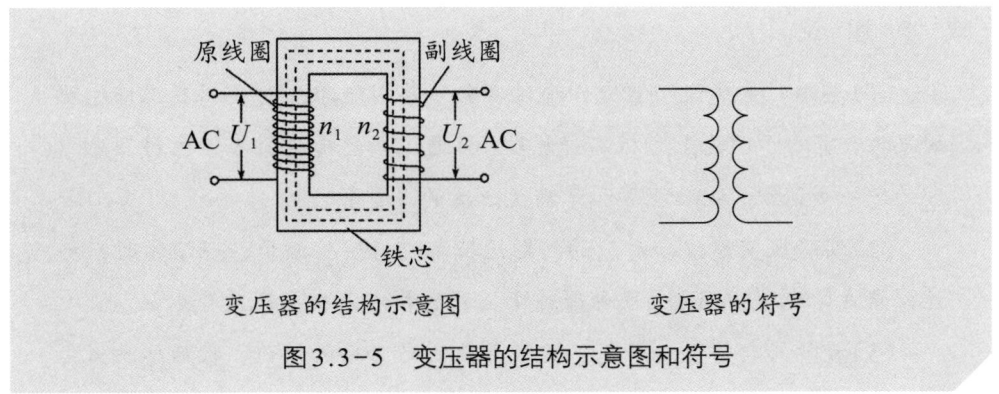

图3.3-5 变压器的结构示意图和符号

问题情境2：展示实验（图3.3-6），把可拆卸变压器的一个线圈接到学生电源的交流输出端，另一个线圈连到小灯泡上，观察小灯泡是否发光。教师提出表3.3-4所示问题，要求学生回答，培养学生的核心素养。

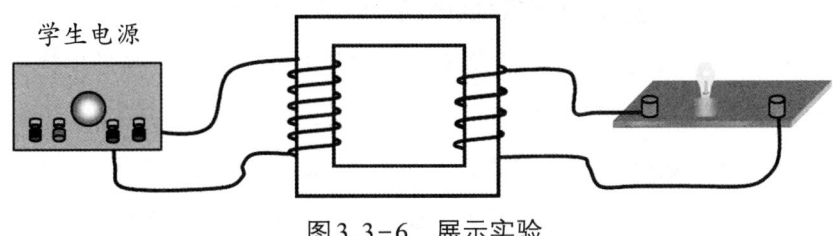

图3.3-6 展示实验

表3.3-4 任务2情境2中的问题及问题指向的素养目标

问题	问题指向的素养目标
1.灯泡为什么亮了？这个实验说明了什么？	通过实验现象引发学生思考和假设（科学探究）
2.变压器的铁芯带电吗？	能从理论上分析和论证得到变压器的工作原理（科学思维）
3.若是接直流电源的话，副线圈两端的灯泡亮度如何？电压会有什么变化？	通过改变实验条件，能对相应现象进行分析和推理，进一步认识变压器的工作原理（科学推理）
4.在变压器通过交变磁场传输电能的过程中，闭合铁芯起什么作用？	
5.改变可拆卸变压器接入的匝数，亮度为什么会变化？	

教学建议

(1)思维引导建议。首先,通过实验现象引发学生对变压器工作原理的思考,有助于理论上分析工作原理;再通过问题情境引导学生对互感原理的进一步认识,从而理解和掌握变压器的工作原理。

(2)实验探究建议。对应的问题情境都进行实验演示,在演示时,要注意启发学生提出问题,思考通过变压器的构成怎样实现改变电压。

(3)教学活动建议。问题1、2让学生进行必要的讨论,教师总结出变压器的工作原理——互感。不同的实验现象要引导学生从互感、磁通量等角度思考,让学生开展一些讨论活动,可能有少部分学生难以理解,可以让领悟力好、分析能力强的学生代表发言,教师再进行小结。

任务3　**探究变压器线圈两端的电压与匝数的关系**

问题情境:利用可拆卸变压器及其他器材开展分组实验。给学生提供电压、变压器和多用电表,让学生分组实验,记录数据,探究输出电压和原、副线圈的匝数关系。让学生观察原、副线圈上的数字,这个数字其实表示的是线圈的匝数,如果改变原线圈的匝数(200匝变成800匝),发现刚才发光的小灯泡变暗了。说明匝数对副线圈电压的输出是有影响的。教师提出表3.3-5所示问题,要求学生回答,培养学生的核心素养。

表3.3-5　任务3中的问题及问题指向的素养目标

问题	问题指向的素养目标
1.观察原、副线圈上的数字,这些数字表示什么含义?	体验科学探究过程,培养实验设计与分析论证能力(科学探究、科学思维)
2.如何设计探究实验的电路?	
3.本次探究实验涉及物理量众多,应采用什么研究方法?	知道探究中体现了控制变量法的思想(物理观念)
4.怎样列出探究所需的表格?	

续表

问题	问题指向的素养目标
5. 测量副线圈电压时，需要什么仪器？旋转开关应旋到哪个功能区？使用哪个量程？	知道多用电表使用的规则，能对测量的数据进行分析，发现原、副线圈两端电压与匝数的关系，形成结论，并对实验出现的偏差进行分析，反思探究过程和结果（科学探究）
6. 怎么读数？	
7. 变压器原、副线圈两端电压与匝数有什么关系？数据有没有严格遵守这样的规律？	能与他人合作，如实记录实验数据、做到实事求是（科学态度与责任）

教 学 建 议

（1）思维引导建议。让学生自主设计实验电路图、探究过程和探究方法，体会科学探究的奥秘。同时，培养学生从一系列数据中得出实验结论的归纳能力。另外，指导学生知晓交流电压的测量仪器以及读数规则，加深对多用电表操作规则的认识。

（2）实验探究建议。问题1，可能学生只能得到数字，不一定知道数字后面乘100表示匝数；问题2、3、4是考查学生对控制变量法的应用，教师可以投影展示几组学生的表格照片；问题5、6是考查学生操作使用多用电表的能力，特别是不同量程对应不同的表盘刻度，需要多个学生共同完成。在实验原理图3.3-7的基础上设计实验数据记录表（表3.3-6）。同时要指导学生实验操作的规范性，如：裸露接线不超过24V，做完实验及时关闭电源等。

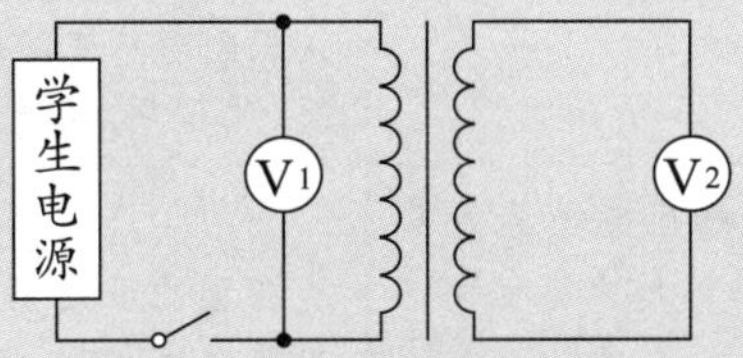

图3.3-7 实验原理图

表3.3-6 实验数据记录表

实验次数	1	2	3	4	5	6
原线圈匝数 n_1	n_1	n_1	n_1			
副线圈匝数 n_2				n_2	n_2	n_2

续表

原线圈电压 U_1					
副线圈电压 U_2					
结论					

（3）教学活动建议。首先，让学生将原线圈接低压交流电源，保持原线圈匝数 n_1 不变，改变副线圈匝数 n_2，用多用电表交流电压挡分别测出原、副线圈两端的电压，记入表格。然后，再保持副线圈匝数 n_2 不变，改变原线圈匝数 n_1，用多用电表交流电压挡分别测出原、副线圈两端的电压，记入表格。学生通过数据发现变压器线圈两端的电压与匝数有近似正比的关系，但不完全一致。最后，探究误差产生的原因。

任务4 推导理想变压器的变压规律

问题情境：教师提出表3.3-7所示问题，要求学生回答，培养学生的核心素养。

表3.3-7 任务4中的问题及问题指向的素养目标

问题	问题指向的素养目标
1.产生实验误差的原因有哪些？能否忽略这些因素？	通过分析实际工作中变压器的能量损失，建立理想变压器模型（科学思维） 认识到理想变压器本质上体现了能量守恒的思想（物理观念）
2.理想变压器的原、副线圈感应电动势为多少？与电压有什么关系？与匝数有什么关系？	能在理想变压器特点基础上，从能量守恒的角度推导出原、副线圈中电压、电流与匝数的关系，能分析原、副线圈导线粗细的影响因素（科学思维）
3.电流与匝数之间有什么关系？怎样推导？	
4.变压器线圈电流大，就要用较粗的导线；电流小，可用较细的导线。为什么？	
5.理想变压器能改变什么？不能改变什么？	能对理想变压器从不同角度进行分析（科学思维）

教 学 建 议

（1）思维引导建议。在前面实验中引导学生分析实验存在的误差，从能量角度分析变压器工作时存在能量损失，结合实际的变压器，特别是大型变压器满负荷工作的效率可以达到95%，建立理想变压器模型。理想变压器体现了能量守恒的思想，强化能量观念，再从这一角度出发，对电流变化规律进行推导，最后引导学生思考理想变压器的其他特点。

（2）教学活动建议。对于实际变压器存在的能量损失，教师需要适当讲解：漏磁、线圈有内阻、铁芯有涡流等。教师要引导学生从理论上推导变压器线圈两端的电压与匝数的关系，推导过程：由于互感现象，且没有漏磁，原、副线圈中每一匝线圈都具有相同的 $\frac{\Delta \Phi}{\Delta t}$，根据法拉第电磁感应定律有 $E_1 = n_1 \frac{\Delta \Phi}{\Delta t}$，$E_2 = n_2 \frac{\Delta \Phi}{\Delta t}$，所以 $\frac{E_1}{E_2} = \frac{n_1}{n_2}$。由于不计原、副线圈的电阻，因此原线圈两端的电压 $U_1 = E_1$，副线圈两端的电压 $U_2 = E_2$，所以 $\frac{U_1}{U_2} = \frac{n_1}{n_2}$，此过程可引导学生自行推导，然后进行展示。

教学中可进一步推导原、副线圈中功率、电流和匝数的关系，帮助学生理解变压器不能改变交变电流频率的原因。教师还可以增加变压器在生活中应用的内容，让学生体会物理知识从生活到理论、再从理论回馈社会的过程，结合现代技术的发展，介绍无线充电技术。

五、教学设计点评

本节课是继交变电流之后，电磁感应在生产生活中的又一重要实际应用。通常的教学设计偏重知识性和教师的主导性，从介绍变压器结构入手，讲解变压器原理，教师演示变压器原、副线圈电压与匝数的关系，再得出理想变压器的变压、变流规律。教学过程往往以教师的讲解为主。

本节教学设计首先从问题情境出发，让学生认识到变压器是广泛存在的电器设备，深化物质观；然后引发学生思考其作用，通过展示变压器结构图片和可拆卸变压器的实物体验，让学生经历认识变压器的过程；再从实验现象出发，开展系列探究活动，引导学生从互感原理展开分析，培养学生逻辑推理等科学思维素养。在探究变压器线圈两端的电压与匝数的关系时，以学生分组实验开展，通过制订实验方案、记录实验数据、分析解释数据、学生交流讨论等科学探究活动，最后得出结论。通过实验探究让学生体会科学探索的过程，激发探究物理规律的兴趣，通过真实操作和记录，让团队合作精神和实事求是的科学态度得以体现，培养了学生科学态度与责任素养。最后在学生实验探究的基础上，从能量守恒的思想建构理想变压器模型，推理得到理想变压器原、副线圈中的电压、电流、功率等规律，培养学生科学思维素养。

  本节课中变压器及其作用属于深层学习中的信息获取，在分析其结构和组成部分的作用时，需要综合运用以前所学知识，体现了信息的整合；通过实验数据建构理想模型，然后综合运用能量、电路等知识进行科学推理，体现了知识的建构；最后让学生认识不同的变压器的功能及应用，体现了利用所学知识解决实际问题，实现思维的创造性。所以深度学习是一种基于理解的学习，是对有价值的学习内容展开的完整的、准确的、丰富的、深刻的学习，学生只有进入深度学习，才能实现知识的建构、能力和素养的提升。

浙江省桐乡市高级中学 刘钦

第四节　电能的输送

一、教学内容与学生分析

本节课是第三章"交变电流"的最后一节，之前学生已经掌握了焦耳定律，电阻定律，正弦交流电的电压、电流变化规律，电感、电容对交流电的作用，变压器的原理及应用。本节课要求学生会运用所学的电磁学方面的知识解决一个实际问题——电能的输送。应使学生明确，电能的输送是一个理论性和技术性都很强的复杂的系统工程，属于电力工程学科的一个分支。在高中阶段对这部分内容仅仅是一个初步的了解。

分析如何减少输电过程中的电能损失，知道远距离高压输电的原理是本节的重难点。学生常常容易将导线上的电压损失与输电电压混淆起来，进而得出错误结论。教学时可根据学生的实际情况，分层设计演示实验和学生分组实验，将理论探究和实验探究相结合，让学生自己从已有的直流电路知识出发，逐步分析，使学生逐步深入理解高压输电原理，培养和提高学生运用物理知识综合分析、解决实际问题的能力、动手能力和合作探究的能力。

关于高压输电的局限性，从减少输电损失的角度考虑，要求提高输电电压，但输电电压并不是越高越好。本节课希望帮助学生科学、全面地认识问题，逐步树立正确分析问题、认识问题的观点和方法。教材写得比较详细、通俗。学生通过阅读教材内容，既可以认识电网供电的优越性，也能开阔眼界，增强社会责任感。

二、任务分解

图3.4-1所示为本节教学设计的任务分解流程图。

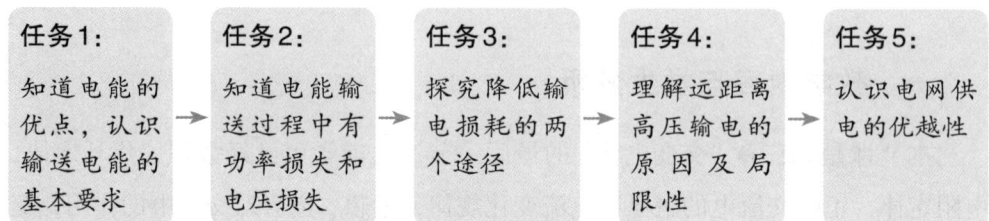

图3.4-1　任务分解流程图

三、学生学习路径

图3.4-2所示为本节教学设计的学生学习路径图。

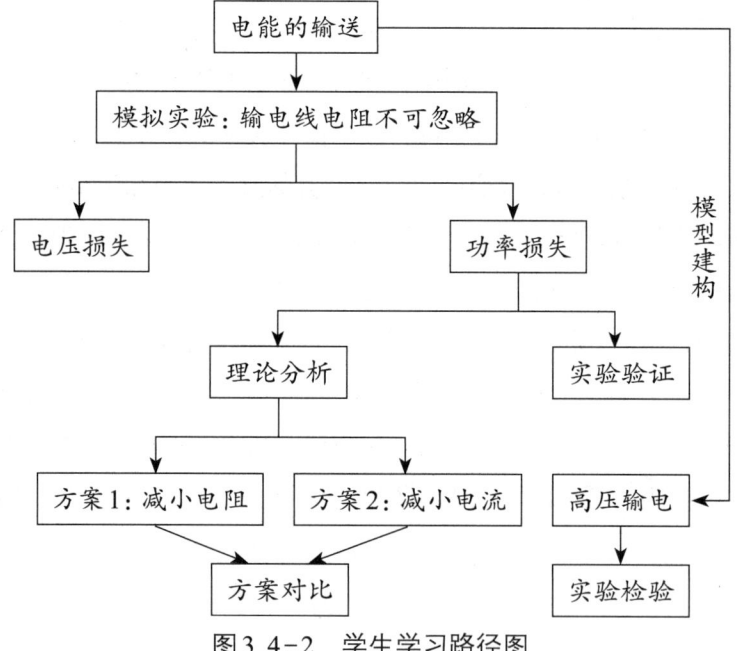

图3.4-2　学生学习路径图

四、教学活动

任务1　知道电能的优点，认识输送电能的基本要求

问题情境：教师用多媒体课件展示发电站图片（图3.4-3），并让学生观看

"西电东送"新闻视频,思考表3.4-1中的问题。

图3.4-3 发电站图片

表3.4-1 任务1中的问题及问题指向的素养目标

问题	问题指向的素养目标
1.发电站一般建在哪些地方?	知道"便于远距离输送"是电能的优点之一(物理观念) 知道输送电能的基本要求(物理观念)
2.用电量大的一般是哪些地方?	
3.如何输送电能?	
4.输送电能的基本要求是什么?	
5.如何理解输送电能的基本要求?	

教学建议

(1)思维引导建议。电能的输送是一个理论性和技术性都非常强的复杂的系统工程,属于电力工程学科的一个分支,在高中阶段对这部分内容仅仅是一个初步的了解。通过播放新闻视频,可让学生对输电的过程有一个大致的了解,为远距离输电的教学做好铺垫。通过组图的展示,使学生充分体会到"远距离输送"是电能的优点之一,鼓励学生学以致用,多关注生产和生活实际。教师要合理引导学生理解输送电能的"可靠""保质""经济"等基本要求,本节教学也是围绕输送电能的基本要求展开的。

(2)教学活动建议。问题1、2、3可在观看图片和视频的基础上让学生独立回答;问题4、5让学生独立思考后进行讨论、回答,教师适当引导,补充说明。

任务2　知道电能输送过程中有功率损失和电压损失

问题情境1：如图3.4-4所示，从电炉丝上取下长约1m的两段电阻丝（每段阻值约10Ω）、一个学生电源（6V交流电）、两个小电珠（6V，3W）。带绝缘支架的铁架台两个，相隔较远距离放置。把两根电阻丝平行固定于铁架台支架上。用鳄鱼夹导线使小电珠连接电阻丝。接通电源，观察小电珠的亮暗情况。然后把小电珠由近及远缓慢移动，边移动边观察小电珠的亮暗变化。教师提出表3.4-2所示问题，要求学生回答，培养学生的核心素养。

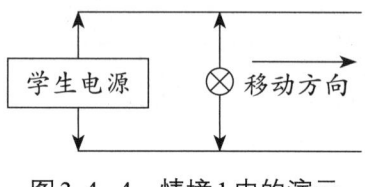

图3.4-4　情境1中的演示实验示意图

表3.4-2　任务2情境1中的问题及问题指向的素养目标

问题	问题指向的素养目标
1.小电珠位置移动的过程中，亮度为何变化？	能通过演示实验分析知道输电线的电阻不可忽略（科学思维） 知道电能以何种形式损失（物理观念）
2.导线电阻真的为0吗？	
3.远距离输电时，输电线上的电阻能否忽略？	
4.在两根电阻丝上抹上油脂，观察实验现象，思考电能是以什么形式损失的	

教　学　建　议

（1）思维引导建议。通过创设真实的实验情境，让学生形成导线有电阻的认知，不仅可培养学生自主发现问题的能力，还让学生深切体会到远距离输电时，输电线上的电阻不能被忽略这一事实，且同等条件下，输电距离越远，电能损失越大。抹上油脂的电阻丝在低压供电时，可清楚地看到油脂因线路发热而融化甚至"冒烟"，让学生亲眼所见电能以电热的形式损失，增强实验模拟的真实性，也为降低输电损耗的深入探究做好铺垫。

（2）教学活动建议。可请学生上台检查实验器材和电路连接，让学生体验到实验的真实性。问题1学生的回答可能着眼于小电珠，教师要给予肯定，并做简单引导；问题2、3可让学生独立回答；问题4，教师演示，学生独立回答。

问题情境2：利用一个学生电源（6V交流电），两段较长的电阻丝，一个小电珠（6V，3W）模拟输电过程，探究如何能更加合理地输送电能。学生可根据实验提供的器材完成电路连接，模拟远距离输电。教师提出表3.4-3所示问题，要求学生回答，培养学生的核心素养。

表3.4-3　任务2情境2中的问题及问题指向的素养目标

问题	问题指向的素养目标
1.画出模拟输电过程的等效电路，并根据实验提供的器材连接电路	知道电能输送过程中有功率损失和电压损失（物理观念）
2.从等效电路看，"发电站"的输出功率、电路损失的功率和"用户"的输入功率，三者有什么关系？	能通过实验操作和理论分析区分输送功率和功率损失、输电电压和电压损失（物理观念、科学思维）
3.从等效电路看，"发电站"的输出电压、电路损失的电压和"用户"的输入电压，三者有什么关系？	

教学建议

（1）思维引导建议。学生常常容易将导线上的电压损失与输电电压混淆起来，进而得出错误结论。问题2、3就是专门针对这种错误设计的，可引导学生进行讨论，澄清认识。为后续讨论降低输电损耗的两个途径扫清知识上的障碍。

（2）教学活动建议。请学生进行板演，其他同学在草稿上画出等效电路。对于远距离输电的模拟实验，条件好的学校最好能让学生做分组实验。

任务3　探究降低输电损耗的两个途径

问题情境：如图3.4-5所示，假定输电电路中的电流是I，用户端的电压是U，两条导线的总电阻是r（导线的电阻集中画为一个电阻r）。教师提出表3.4-4所示问题，要求学生回答，培养学生的核心素养。

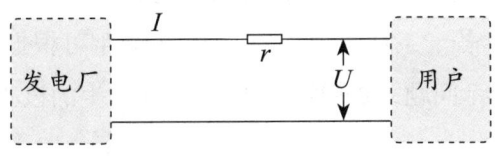

图3.4-5　发电厂与用户间的输电电路图

表3.4-4 任务3中的问题及问题指向的素养目标

问题	问题指向的素养目标
1.怎样计算输电线路损失的功率?	理解降低输电损耗的两种途径(物理观念) 能通过求解输电线上的功率损失分析出降低输电损耗的有效途径(科学思维)
2.哪些方法可以减小输电线上的功率损失?	
3.在输电电流一定的情况下,如果线路的电阻减为原来的一半,线路上损失的功率减为原来的几分之一?	
4.怎样减小线路的电阻?这些方法是否经济可行?	
5.在线路电阻一定的情况下,如果输电电流减为原来的一半,线路上损失的功率减为原来的几分之一?	
6.通过前面的计算,你认为哪种途径对于降低输电线路的损耗更为有效?	

教学建议

（1）思维引导建议。对于电路上的功率损失，可引导学生从已有的直流电路知识出发，进行分析，得出结论。真正的实际问题比较复杂，教学中并不要求深入讨论这些实际问题，也不要求对输电过程中感抗和容抗的影响进行深入分析，教学中要注意掌握好分寸。

（2）教学活动建议。学生独立回答问题1、2，并通过问题3、5的具体分析和运算，可以得出问题6的结论。问题4可由学生独立思考后交流讨论再回答，教师适当点评和说明。这里要注意，切不可单纯由教师讲解代替学生思考，否则会事倍功半。

任务4 理解远距离高压输电的原因及局限性

问题情境1：设置学生分组实验，提供实验器材（一个学生电源、两个变压器、若干个小电珠、若干条抹上油脂的导线）。学生可根据需要自行选择器材。教师提出表3.4-5所示问题，要求学生回答，培养学生的核心素养。

表3.4-5　任务4情境1中的问题及问题指向的素养目标

问题	问题指向的素养目标
1.在保证用户用电功率的前提下,怎样才能减小输电电流?	理解远距离高压输电的原因,认识高压输电的局限性(科学思维) 树立科学、全面、辩证地认识问题、分析问题的观点和方法(科学态度与责任) 知道输电过程的几个环节,会设计电能输送的示意图(科学探究)
2.如何获得较高的输电电压?	
3.输送到用户时如何使电器正常工作?	
4.你能根据实验室提供的器材,设计远距离高压输电的实验来证明你的猜想吗?	
5.根据情境1中远距离高压输电的模拟实验,试画出电能输送的示意图	
6.输电电压是不是越高越好?	

问题情境2：如图3.4-6所示,把发电站(6V交流学生电源)经升压变压器按 $n_1:n_2$(n_1 与 n_2 的比值由学生自己选择,考虑到安全因素 U_2 最好不要超过30V)升压后与两根电阻丝的一端连接,另一端经 $n_3:n_4$ 降压后与用户(小电珠)连接。接通电源,观察小电珠的亮暗程度和电阻丝上油脂的冒烟现象。关闭电源,将 n_2 改为 $2n_2$,重复上述实验。观察小电珠的亮暗程度和电阻丝上油脂的冒烟现象。(此方案为指导性方案,教师可根据学生的层次,把握提示的尺度。)

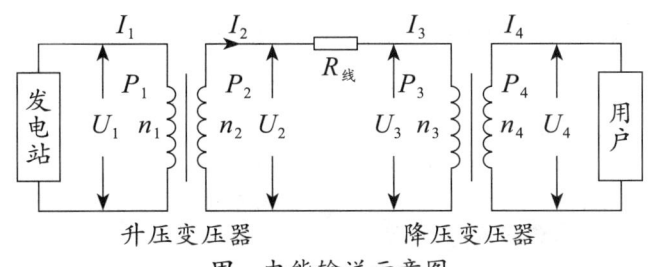
甲　电能输送示意图

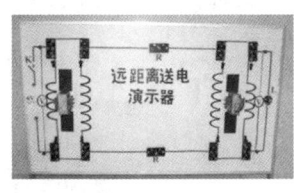
乙　学生实验装置

图3.4-6　情境2中的演示实验示意图

教　学　建　议

(1)思维引导建议。一方面,要使学生知道交变电流远距离输送的基本方式,即"低压发电→高压输电→低压用户";另一方面,要使学生了解变压器在输电过程中的重要作用。减小输电线的电流,需要通过提高输电电压来实现,但输电电压并不是越高越好,这就要帮助学生科学地、全面地、辩证地认识问题,逐步树立正确分析问题、认识问题的观点和方法。让学生了解一些科普知识的同时,也让学生知道在高压输电方面还有很多未知领域可以去探索,从而唤起学生的好奇心,培养学生的科学态度和责任。

(2)实验操作建议。情境中的实验效果明显,小电珠和油脂冒烟现象的观察性都很强,可作为演示实验使用。有条件的学校可设置分组实验,让学生亲自体验。不论哪种方案,教师都务必要强调用电安全和正确操作,并做好全程安全监督工作,防止意外事故发生。

(3)教学活动建议。问题1、2、3可让学生独立回答;问题4、5不必要求所有学生都能独立完成,教师可视学生的具体情况,适当引导和讲解;问题6只要让学生知道电压过高的弊端和局限性,教师简单解释即可,不必过多展开。

任务5　认识电网供电的优越性

问题情境:让学生自主阅读教材,了解电网供电的输电过程,如图3.4-7所示。教师提出表3.4-6所示问题,要求学生回答,培养学生的核心素养。

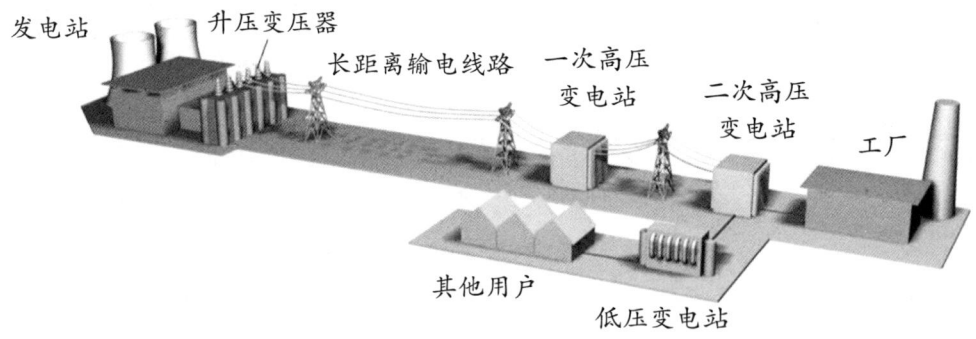

图3.4-7　电网供电的输电过程示意图

表3.4-6 任务5中的问题及问题指向的素养目标

问题	问题指向的素养目标
1.什么是电网？	了解电网供电的优越性，认识电网安全对社会的重要性（物理观念）
2.采用电网供电有哪些优越性？	了解我国远距离输电概况，激发学生投身祖国建设的热情（科学态度与责任）

教学建议

（1）思维引导建议。教材中介绍了输电技术发展的历史，交流输电遇到的技术困难，以及我国高压直流输电技术的应用。教师可适当引导学生初步了解现代输电技术，理论联系实际，帮助学生科学全面地认识实际问题。

（2）教学活动建议。问题1由学生阅读书本后回答；问题2可让学生在独立思考的基础上讨论，教师要给予积极的评价和点拨。有条件的学校，可以组织参观当地的小型电厂，了解发电情况，调查发电机容量、居民用电和工业用电等情况，撰写调查报告。

五、教学设计点评

本节课要求学生利用已有的电磁学方面的知识解决一个实际问题——远距离高压输电。通常设计教学时，主要是通过理论分析的方式进行物理模型的建立以及各物理量之间的关系的探讨。从指向核心素养的角度来看，本节课在教学目标的指引下，教师通过设置真实而贴切的物理问题情境，让学生经历问题解决的过程，通过理解和表征问题、寻求解决办法、尝试解决、评价结果四个环节，完成远距离高压输电（模拟）的自主学习，进而提升学生物理观念、科学思维、科学探究和科学态度与责任等核心素养。

浙江省桐乡市凤鸣高级中学　方晓平

第四章
电磁振荡与电磁波

本章学习的重点是能描述电磁振荡的过程，能利用场的物质性和场具有能量的性质解释有关电磁波的现象，并能说出电磁技术在生产生活、科技和军事等方面的一些重要应用。因此，在本章的教学设计中，教师通过实验演示和分析生产生活中的事例，引导学生从生活走向物理，了解电磁振荡的产生过程与特征，了解麦克斯韦电磁场理论的基本思想和场的统一性与多样性，体会物理学对统一性的追求。同时，考虑到本章内容的抽象性，教师尽可能通过实验、类比、情境创设等方式增强学生的感性认识，提高学生的学习体验感，以帮助学生降低学习难度，提高学习积极性。

基于问题解决的教学理念和教材编排特点，在电磁振荡、电磁场与电磁波这两节侧重引导学生在观察实验现象的过程中获取信息，并在此基础上建立基本概念。在学生了解电磁波基本特征的基础上，后两节内容侧重于生活中通俗的概念和现象，借助类比的形式帮助学生了解电磁波的发射与接收、生活中常见的电磁波及其应用，化抽象为具体，帮助学生能够从物理走近生活，感受物理学对人类文明发展的重要作用，学会用物理知识解决实际问题。

本章的教学设计关注物理与生活的联系，注重实验与理论的结合，体现情境与素养的关联。通过这样的教学活动的设计与实施，不仅能够引导和帮助学生认识物理与生活的紧密联系，学会用物理学知识解释和分析实际生产生活中的问题，还能在更大程度上培养学生对生活、对科学的热爱与探索之情，全面提升学生的物理学科素养。

第一节 电磁振荡

一、教材内容与学生分析

电磁振荡这一节综合了电场、磁场的性质以及电磁感应现象的相关知识。既复习了前面所学内容，又是之后学习电磁波的产生、传播的基础。

振荡电路、振荡电流、电磁振荡等基本概念很抽象，研究对象是看不见摸不着的电磁场，理解起来也较为困难，因此在教学中应充分让学生观察实验现象、启发思考、积极讨论、落实对基本概念的理解。LC振荡电路中振荡电流的产生过程是本节的重点和难点，电磁振荡产生的物理过程也较为抽象。根据电路中电场能和磁场能的相互转化规律，分析振荡电流在一个周期的变化过程中，电容器上电荷的变化情况及电感线圈中电流大小和方向的变化情况。先让学生绘制q-t图像和I-t图像，再利用传感器演示获得图像，明确回路电流与电容器板上电荷的变化情况恰好相反，即：电流增大时，电荷量减少；电流最大时，电荷量最小（为零）。同时明确回路中其他物理量之间的变化规律。

从学生角度分析，学生已掌握电场和磁场的性质、电磁感应现象等相关知识，这为本节课的学习打下了坚实的基础。另外，学生已具备一定程度分析问题的能力，但是对知识点的总结能力还有所欠缺，对各物理量间的联系和规律尚未清晰，所以有必要让学生充分思考和讨论，使学生从感性认知提升到理性认识。

二、任务分解

图4.1-1所示为本节教学设计的任务分解流程图。

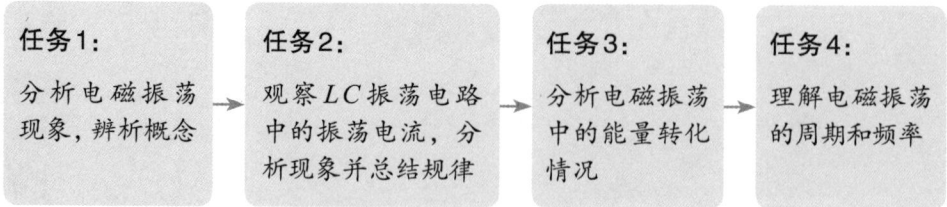

图4.1-1 任务分解流程图

三、学生学习路径

图 4.1-2 所示为本节教学设计的学生学习路径图。

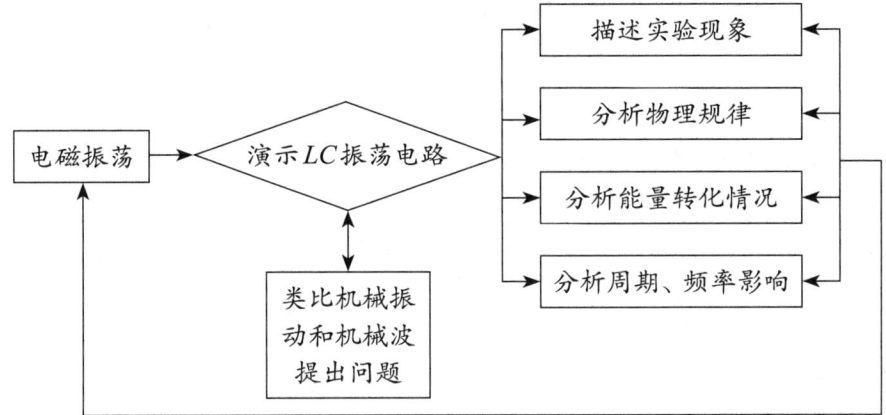

图 4.1-2　学生学习路径图

四、教学活动

任务 1　**分析电磁振荡现象，辨析概念**

问题情境：图 4.1-3 为无人驾驶汽车；图 4.1-4 为通信卫星；图 4.1-5 为电磁振荡电路连接实物图；图 4.1-6 为利用传感器得到的电磁振荡电路中的 I-t 图像。教师提出表 4.1-1 所示问题，要求学生回答，培养学生的核心素养。

  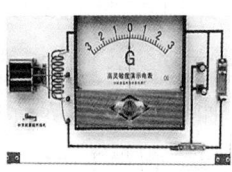 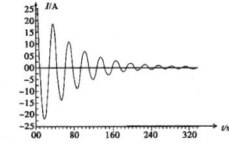

图 4.1-3　无人驾驶汽车　　图 4.1-4　通信卫星　　图 4.1-5　电磁振荡电路连接实物图　　图 4.1-6　电磁振荡电路中的 I-t 图像

表 4.1-1　任务 1 中的问题及问题指向的素养目标

问题	问题指向的素养目标
1. 图 4.1-3、图 4.1-4 中，无人驾驶汽车、通信卫星是如何实现信息交互的？信息通过什么进行传播？你能举出更多的例子吗？	能从物理学的角度解释一些现象（物理观念）

续表

问题	问题指向的素养目标
2.类比机械波,机械波的产生需要波源。那么电磁波的"波源"是什么呢?说明你的理由?	能应用物理知识解决问题(物理观念)
3.如图4.1-5所示,把开关扳到电池组一边,电容器处于什么状态?稍后再把开关扳到线圈端,电容器又处于什么状态?你分别观察到了什么实验现象?这一现象说明什么?	能使用基本器材获取数据并对数据进行初步整理和归纳(科学探究) 能使用恰当的证据表达自己的观点(科学思维)
4.你能给振荡电流、振荡电路下个定义吗?	能从物理学的角度解释一些现象(物理观念)
5.电磁振荡电路利用传感器显示$I\text{-}t$图像,如图4.1-6所示,你能解释这一现象吗?说明你的理由和观点。	用所学的物理术语、图表等交流科学探究过程和结果(科学探究)
6.如果能量没有损耗,$I\text{-}t$图像会如何?你认为电磁振荡可分为哪两类?你分类的依据是什么?	能使用恰当的证据表达自己的观点(科学思维)

教学建议

(1)思维引导建议。教师不应急于教给学生有关电磁振荡的概念,而应引导学生进行有序地思考:首先,思考电磁波波源如何产生;其次,利用实验装置理解电磁振荡中电流的特点,获得振荡电流、振荡电路等基本概念;最后,从$I\text{-}t$图像的特点进行定性分析,让学生进一步根据能量是否损失对电磁振荡进行分类。通过上述有序引导,非常自然地引入研究课题,调动学生研究问题的意识,从而分析实验现象,辨析抽象性概念。

(2)教学活动建议。问题1让学生独立回答;问题2让学生独立思考后回答,其他同学补充;问题3、4小组合作,学生思考讨论;问题5、6让学生独立回答。

任务2 观察LC振荡电路中的振荡电流,分析现象并总结规律

问题情境:图4.1-7为LC振荡电路图,图4.1-8为LC振荡电路中振荡电流的产生过程。教师提出表4.1-2所示问题,要求学生回答,培养学生的核心素养。

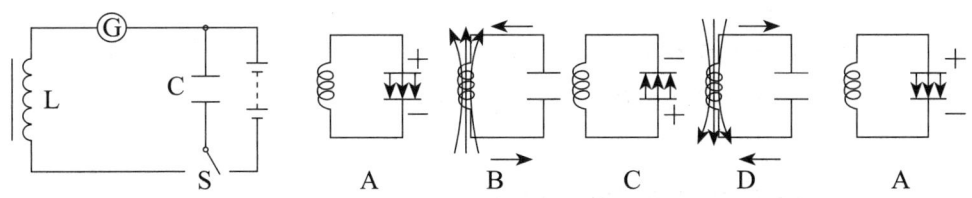

图4.1-7　LC振荡电路　　图4.1-8　LC振荡电路中振荡电流的产生过程

表4.1-2　任务2中的问题及问题指向的素养目标

问题	问题指向的素养目标
1.图4.1-7中，电容器有什么作用，它与什么能量有关？线圈有什么作用，它与什么能量有关？	能从物理学的角度正确地解释现象（物理观念）
2.如图4.1-8所示，哪些是充电过程，这个过程中能量如何转换？哪些是放电过程？	
3.如图4.1-8所示，哪些时刻电荷量q达到最大，哪些时刻电荷量q为零？哪些时刻感应电流I到达最大，哪些时刻感应电流I为零？	能分析数据，发现特征，尝试用已有的物理知识进行解释（科学探究）
4.根据上述分析你能将整个过程的q-t图像和I-t图像描绘出来吗？	用所学的物理术语、图表等交流科学探究过程和结果（科学探究）
5.在这个过程中振荡电流的方向变化了几次？充放电各几次，即完成几次周期性变化？	认识到物理研究是建立在观察和实验基础上的一项创造性工作（科学探究与责任）
6.这个过程中电动势U、电场强度E随时间t的变化规律如何？磁感应强度B、磁通量Φ随时间t的变化规律又如何？和同学们交流说说你的想法。	具有与他人讨论问题的意识（科学探究）

教 学 建 议

（1）思维引导建议。让学生观察电磁振荡的过程，分析电容器上电荷量的变化情况及电感线圈中电流大小和方向的变化情况，再让学生绘制q-t图像和I-t图像。明确回路电流与电容器板上电荷的变化情况恰好相反，即电流增大时电荷量减少，电流最大时电荷量最小（为零）。明确回路中q、U、E、B、Φ等物理量随时间变化的规律。上述整个过程中，学生应在教师的帮助和引导下，通过小组合作的方式落实本节课的重难点，最终理解振荡电流产生的原因及本质。

（2）教学活动建议。问题1、2让学生独立回答；问题3、4让学生开展小组合作并进行讨论；问题5、6让学生独立思考后回答，其他学生补充。

任务3　分析电磁振荡中的能量转化情况

问题情境：图4.1-9为单摆振动过程示意图，图4.1-10为弹簧振子振动过程示意图。教师提出表4.1-3所示问题，要求学生回答，培养学生的核心素养。

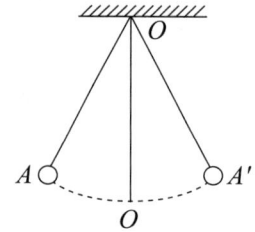　　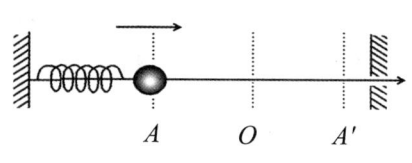

图4.1-9　单摆振动过程示意图　　图4.1-10　弹簧振子振动过程示意图

表4.1-3　任务3中的问题及问题指向的素养目标

问题	问题指向的素养目标
1.如图4.1-9所示，摆球从A开始振动到再次回到A的过程中，位移x，速度v，加速度a以及振动系统势能与摆球的动能如何变化？	能分析数据，发现特征，尝试用已有的物理知识进行解释（科学探究）
2.如图4.1-10所示，弹簧振子从A开始振动到再次回到A的过程中，位移x，速度v，加速度a以及振动系统势能与弹簧振子的动能如何变化？	
3.电磁振荡过程中电流i、电荷量q、电场强度E、磁感应强度B的周期变化与摆球（弹簧振子）振动过程中位移x、速度v、加速度a的周期性变化有没有相似性？请举例说明	能使用恰当的证据表达自己的观点（科学思维）
4.你能否继续应用问题3的类比方法，分析电磁振荡过程中的能量转化情况？	通过类比的方法，获得电磁振荡中各物理量的变化和能量的变化对应的关系（科学推理）
5.图4.1-9中摆球位于A位置时的势能和动能可分别对应充满电的电容与线圈接通时的哪个物理量？	能分析数据，发现特征，尝试用已有的物理知识进行解释（科学探究）

续表

问题	问题指向的素养目标
6. 图 4.1-10 中弹簧振子位于 A 位置时的势能和动能可分别对应充满电的电容与线圈接通时的哪个物理量？	能分析数据，发现特征，尝试用已有的物理知识进行解释（科学探究）
7. 影响电场能与磁场能大小的因素是什么？	具有与他人讨论问题的意识（科学探究） 能使用恰当的证据表达自己的观点（科学思维）
8. 电场能和磁场能的变化与电流和电容器两极板电压的变化有何关系？	

教学建议

（1）思维引导建议。分析电磁振荡的过程可以从电路中电场能和磁场能相互转化的规律入手。通过对电磁振荡与单摆（弹簧振子）类比分析，进一步体会类比推理的方法，引导学生通过不同的方式去发现、提炼和总结规律。经历对电磁振荡各物理量的分析，发展学生的科学推理能力，同时让学生初步感知电磁波的物理观和能量转化的能量观。

（2）教学活动建议。问题 1、2 让学生独立回答；问题 3 让学生开展小组讨论并回答；问题 4、5、6、7 让学生独立思考后回答，其他学生补充。

任务4 **理解电磁振荡的周期和频率**

问题情境：图 4.1-11 所示为 LC 振荡电路中的 q-t 图像，请根据图像完成表 4.1-4 所示问题。

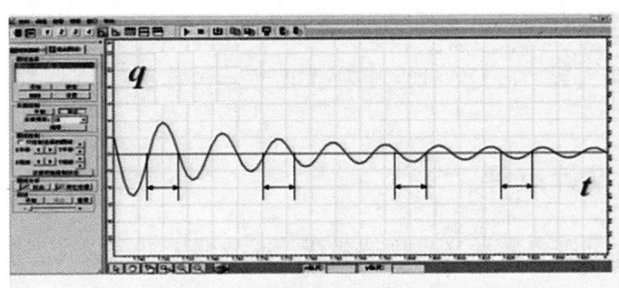

图 4.1-11　LC 振荡电路中的 q-t 图像

表4.1-4 任务4中的问题及问题指向的素养目标

问题	问题指向的素养目标
1.电磁振荡完成一次周期性变化所需的时间为T,请你给图4.1-11这一过程标注对应的时间	能分析数据,发现特征,尝试用已有的物理知识进行解释(科学探究)
2.根据图4.1-11所示图像,你发现了什么特征?这说明什么?	
3.电容较大时,电容器充电、放电的时间长些还是短些?线圈的自感系数较大时,电容器充电、放电的时间长些还是短些?这说明什么?	
4.根据上面的讨论结果,定性归纳,LC电路的周期(频率)与电容C、电感L的大小有什么关系?	具有与他人讨论问题的意识(科学探究)
5.LC振荡电路产生振荡的物理原因是什么?物理实质是什么?	

教学建议

（1）思维引导建议。根据周期的定义让学生对电磁振荡电路中的q-t图像进行时间划分，突出电磁振荡的周期性，帮助学生理解一个完整的周期内磁场能和电场能完成2次周期性的变化，振荡电流的方向变化了2次，使学生对课堂中的实验指针的来回摆动有更加深入的理解。从传感器得到q-t图像并进行理论分析，定性地获得周期影响因素，更好地理解周期表达式。

（2）教学活动建议。问题1让学生独立完成；问题2让学生独立思考后回答；问题3让学生小组讨论，其他学生补充；问题4让学生独立思考后回答，教师总结；问题5让学生独立思考后回答。

五、教学设计点评

电磁振荡既是概念教学又是规律教学。这节课大部分设计是直接观察实验现象，对其进行总结归纳后展开教学。由于学生没有形成整体物理观念，会将机械波和电磁波孤立。本节教学设计采用"类比方法"，通过与机械波类比，并在电磁感应的基础上以问题链为落脚点，引导学生分析、推导，加深对振荡电流以及电磁振荡中"电"与"磁"的理解。将概念的习得蕴藏在对物理规律的探索过程中，充分体现了学生的主体地位，突出对学生核心素养的培养。

从"物理观念"维度看：在任务1、任务2和任务3中，以生活中的真实情境和利用传感器真实获得电磁振荡电路中的各物理量的变化规律为背景，充分让学生从物理学的角度解释这些现象，带着物理问题探索物理规律，应用物理知识解决问题，深化物质观、相互作用观和能量观。

从"科学思维"维度看：任务1、任务2、任务3和任务4的教学设计，充分体现了定性分析、逻辑推理、归纳总结、判断质疑等科学思维和科学方法，培养学生使用科学证据的意识、评估科学证据的能力，培养学生的抽象思维、形象思维。

从"科学探究"维度看：虽然本教学设计并没有让学生设计实验的环节，但学生需要用大量的时间分析传感器获取的 I-t 图像、q-t 图像以及探究过程中的各种现象，然后进行整理和归纳，明确振荡电路的特征以及规律的本质。在探究的过程中运用物理知识进行合理的解释和交流。这些都是对科学探究素养的培养。

从"科学态度和责任"维度看：在数据处理和规律归纳的过程中，使学生认识到物理研究是建立在观察和实验基础上的一项创造性工作，需要具有实事求是的态度和与他人合作的意识。

浙江省海宁市高级中学　林培秋

第二节　电磁场与电磁波

一、教学内容与学生分析

本节课内容主要是初步了解麦克斯韦电磁理论的基本假设和电磁波的形成条件，初步了解场的统一性和多样性，体会物理学对统一性的追求；通过演示赫兹的电火花实验，体验理论预言和实验证据在科学发展过程中的作用；通过理论分析和推导使学生对麦克斯韦的电磁理论有一定的了解，不需要计算；最后通过对电磁波和机械波的对比，加深学生学习和理解研究问题的科学方法。

通过之前的学习，学生对电磁波的发现、麦克斯韦电磁场理论、赫兹实验、电磁波的物质性、电磁波具有能量等有了初步的理解，能用所学知识来解释相关现象、解决相关问题，能够分析和解决一些实际问题；已初步领会了在发现电磁波的过程中所蕴含的科学方法和科学精神，对研究物理问题的常用思想方法如类比、对称、推理等已经有了一定掌握。

本节内容对学生来说比较抽象，学习起来有一定的难度。学生对变化的磁场与变化的电场之间的相互关联的理解有一定的难度，教学中可以以问题引导，结合实验演示，将抽象的内容具体化、形象化，在学生分组讨论、分析的基础上概括、归纳相关的知识，形成知识结构体系。对麦克斯韦电磁场理论不能过多展开，而应重点突出麦克斯韦的科学思维、电磁波的形成条件、赫兹实验以及对场的多样性、统一性、物质性的认识，提升学生的物理观念和科学思维等核心素养。

本节课可以加强培养学生归纳知识和进一步运用知识的能力，激发学生的求知欲，引导学生学习研究问题的科学方法。

二、任务分解

图4.2-1所示为本节教学设计的任务分解流程图。

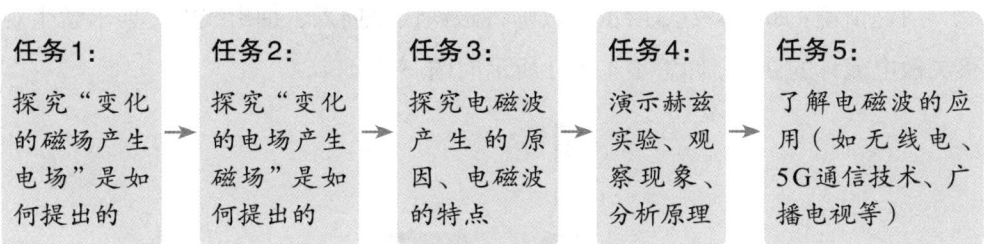

图4.2-1 任务分解流程图

三、学生学习路径

图4.2-2所示为本节教学设计的学生学习路径图。

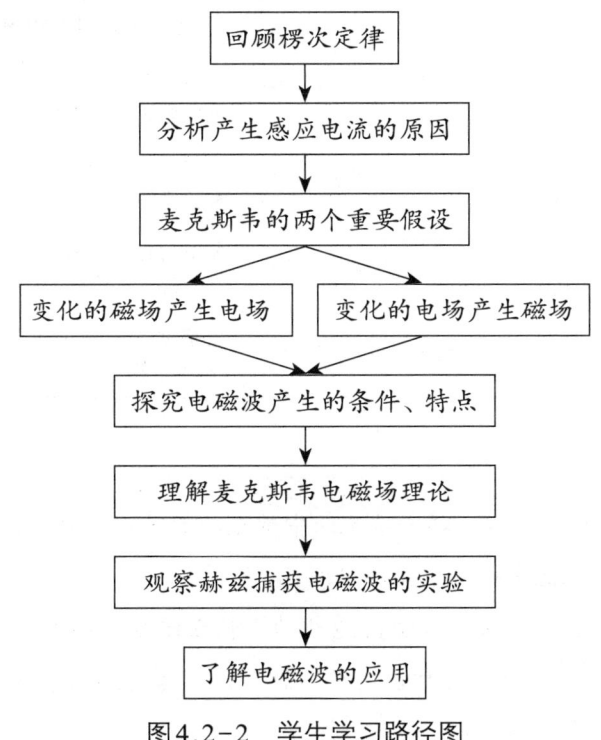

图4.2-2 学生学习路径图

四、教学活动

任务1 探究"变化的磁场产生电场"是如何提出的

问题情境：如图4.2-3所示，教师将磁铁快速插入、抽出线圈，要求学生观察灵敏电流计的变化，回答表4.2-1所示问题。

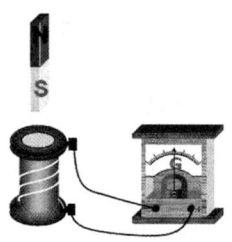

图4.2-3　教师演示实验

表4.2-1　任务1中的问题及问题指向的素养目标

问题	问题指向的素养目标
1.灵敏电流计指针偏转说明回路中有感应电流产生，请分析电流是如何产生的	根据实验现象提出问题，对产生感应电流的原因作出猜想（科学探究）
2.使导体中自由电荷定向移动的作用力是什么力？	能对简单的物理问题进行分析和推理，初步感知电场的存在（科学思维）
3.如果把线圈拿走，线圈所在的空间还存在电场吗？	能对物理问题进行深入分析，初步感知电场的物质性（科学思维、物理观念）
4.麦克斯韦是如何提出"变化的磁场产生电场"的？	理解麦克斯韦电磁场理论的假设之一（科学思维）

教 学 建 议

（1）思维引导建议。举一些生活中常见的例子加以引导，例如水流的移动规律，类比到电子的定向移动。

（2）教学活动建议。问题1、2让学生独立回答；问题3可以让学生亲自操作实验，观察现象并作出猜想，教师归纳总结；问题4让学生小组讨论后回答。

任务2　探究"变化的电场产生磁场"是如何提出的

问题情境：演示感应起电机给电容器充电过程中可以观察到静止的小磁针发生偏转的实验，回答表4.2-2所示问题。

表4.2-2　任务2中的问题及问题指向的素养目标

问题	问题指向的素养目标
1.小磁针发生偏转说明了什么？小磁针周围的磁场是由什么产生的？	根据实验现象提出问题，对产生磁场的原因作出猜想（科学探究）
2.如果小磁针不存在，电容器极板间的电场变化时，周围的空间还会产生磁场吗？	能对物理问题进行深入分析，初步感知磁场的物质性（科学思维、物理观念）
3.麦克斯韦是如何提出"变化的电场产生磁场"的？	理解麦克斯韦电磁场理论的第二个假设（科学思维）
4.麦克斯韦坚信物理世界是一个充溢着和谐美与对称美的世界，尤其相信电与磁之间是完美对称的。还有哪些问题是从对称性角度提出的？	突出类比思想、对称思想和质疑创新的科学思维（科学思维）

教学建议

（1）思维引导建议。教师可以引导学生通过"类比"和"对称"的思想，自主推理得到麦克斯韦的第二个假设。

（2）教学活动建议。问题1、2、3、4，可以让学生独立回答，教师归纳总结。

任务3　探究电磁波产生的原因、电磁波的特点

问题情境：根据两个基本假设和法拉第电磁感应定律，结合之前学过的知识，小组讨论表4.2-3所示问题。

表4.2-3　任务3中的问题及问题指向的素养目标

问题	问题指向的素养目标
1.探究电磁波形成的条件（稳定的电场能产生磁场吗？均匀变化的电场会产生什么样的磁场？非均匀变化的电场会产生什么样的磁场？周期性变化的电场会产生什么样的磁场？）	准确理解电磁波的形成条件，提升分析问题、解释现象的思维能力（科学思维）

续表

问题	问题指向的素养目标
2.如何理解电磁波的产生与传播的过程？ 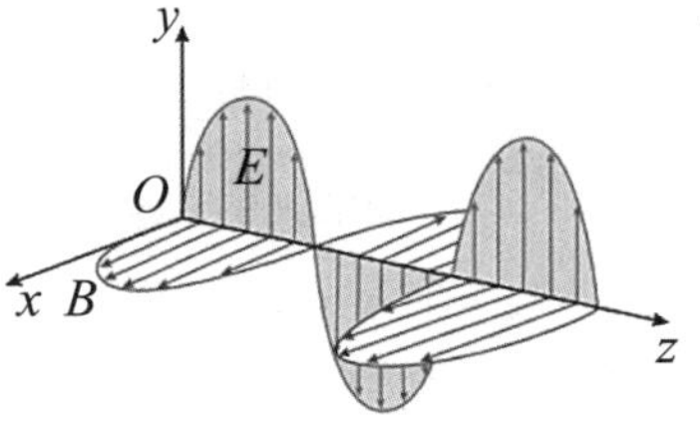 图4.2-4 沿z轴传播的电磁波	通过示意图（图4.2-4），理解电磁波的传播过程，培养建构模型的能力（科学思维）
3.电磁波与机械波有何异同？	通过电磁波和机械波的类比，体会类比方法在科学领域的应用（科学思维）
4.物质存在的形式有哪些？	从物理学视角理解场是物质存在的一种形式（物理观念）

教 学 建 议

（1）思维引导建议。引导学生通过"类比"和"对称"的思想，自主分析得到电磁波产生的条件。

（2）教学活动建议。让学生阅读教材，了解麦克斯韦电磁场理论的建立过程，然后教师总结麦克斯韦电磁场理论的意义，以及其对现代科技进步的巨大贡献。

任务4 演示赫兹实验、观察现象、分析原理

问题情境：以图片、视频或演示实验的形式展示赫兹实验及其原理。如图4.2-5、图4.2-6所示，赫兹将两个抛光的金属小球连接到产生高电压的感应圈两端时，两球之间出现了火花放电。仪器的另一部分是弯成环状的导线，导线两端也安装两个金属小球，小球之间也有空隙。当把这个导线环放在距感应圈不太远的位置时，他观察到：当感应圈两个金属球间有火花跳过时，导线环两个小球间也跳过了火花。教师提出表4.2-4所示问题，要求学生回答，培养学生的核心素养。

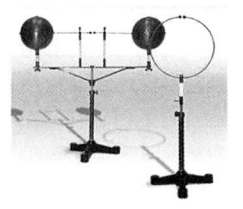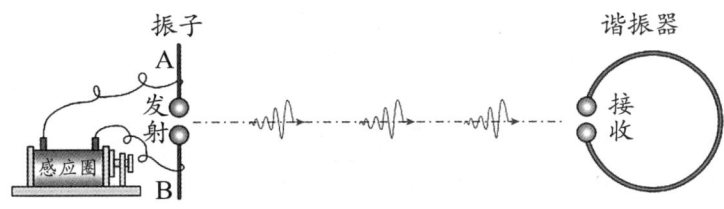

图4.2-5 图片展示赫兹实验

图4.2-6 赫兹实验原理图

表4.2-4 任务4中的问题及问题指向的素养目标

问题	问题指向的素养目标
1.接收端两个金属球间产生电火花,说明了什么?发射端两个金属球间产生电火花时,周围的场是否发生了变化?	通过观察和实验,了解赫兹证明电磁波存在的实验过程及实验方法(科学探究)
2.赫兹是如何证明电磁波和光的统一性的?	了解赫兹的实验,如电磁波的反射、折射、干涉、偏振和衍射等现象,领会物理实验对物理学理论发展的支撑意义(物理观念、科学态度)
3.赫兹的实验有何意义和价值?	培养推理论证的科学思维和科学态度(科学态度)

教 学 建 议

(1)思维引导建议。引导学生由麦克斯韦电磁场理论,过渡到赫兹用实验捕获了电磁波,验证了麦克斯韦的预言。

(2)教学活动建议。教师可以现场演示赫兹捕获电磁波的实验,引导学生仔细观察,感受物理学的魅力,提升学生对物理学的热爱之情。

任务5 **了解电磁波的应用(如无线电、5G通信技术、广播电视等)**

问题情境:在我们的日常生活中,电磁波已经被应用得非常广泛了,比如日常使用的无线信号、收音机信号等,都是电磁波信号。中国和美国在过去的一段时间因为5G技术产生了很多争端,我们国家在5G技术上有技术优势,5G信号也是一种电磁波,但社会和网络上有一些对5G信号的担忧和错误的理解。教师提出表4.2-5所示问题,要求学生回答,培养学生的核心素养。

表4.2-5 任务5中的问题及问题指向的素养目标

问题	问题指向的素养目标
1.路由器上的5GHz和手机的5G信号有关系吗？	利用所学知识分析社会中的热点新闻，达到学有所用的目的。通过了解我国无线电通信、广播电视的发展状况，激发爱国热情，感悟无线电通信在文明进步、现代社会中重要的应用价值(科学态度与责任)
2.广播、收音机经常使用几十兆赫（MHz）的频率，5G信号使用几千兆赫兹的频率，这会造成5G信号塔的增多，还是减少？	
3.5G是否会危害人类健康？	

教学建议

（1）思维引导建议。引导学生认识学科的本质，认识科学、技术、社会、环境之间的关系。

（2）教学活动建议。教师搜集有关5G技术的信息资料，帮助学生了解电磁波的应用，请学生结合生活实际谈谈电磁波的发现给人们的生产生活带来的改变。

五、教学设计点评

本节课通常的教学设计是：通过演示楞次定律实验入手，引发问题思考，概述电磁场的概念及产生过程；通过学生的分析，归纳得出电磁波的基本特点、发现过程及传播规律；了解麦克斯韦电磁场理论的基本内容；知道电磁波与机械波的区别；最后通过赫兹实验去验证电磁波是否存在。通常的设计，在教学时侧重于分析、解释和实验验证的学习方式，但从指向核心素养的学科实践教学角度考虑，期望利用这一节课，让学生在教学情境中，运用物理学科的概念、思想与工具，通过分析、设计、实验等方式，解决真实情境中的问题。

本节课在设计上，为了突破教学重难点，将抽象的内容具体化，在教学中多次进行实验演示观察（如演示楞次定律实验、起电机实验），引导学生分析现象产生的原因，构建电磁波模型来解释电磁波的产生和传播过程，引出麦克斯韦关于电磁场的第一个假设——变化的磁场产生电场；再根据麦克斯韦坚信物理世界是一个充溢着和谐美与对称美的世界，引出麦克斯韦的第二个假设——变化的电场产生磁场；然后进一步学习电磁波产生的条件、特点，拓展到麦克斯韦电磁场理论；接着，用赫兹捕获电磁波实验验证麦克斯韦的预言；最后，介绍电磁波的应用。

浙江省桐乡市第二中学　潘伟中

第三节　无线电波的发射和接收

一、教学内容与学生分析

本节内容是在电磁波基础上讲解电磁波在生活生产中应用的实例，从无线电波的发射和接收两方面，让学生了解和体会无线电波发射和接收的基本原理，感受科学知识对人类文明发展的促进作用。其中，教材中出现的多个专业技术名词，如"调制""调幅""调频""调谐""解调"等，对初学者来说容易混淆，需要从概念的内在关系上加以分析和说明，帮助学生区分和识别。教材以"电视广播的发射和接收"为例，为学生初步了解无线电信号的发射系统、传播方式和接收系统做了一定的说明。本节主要是联系实际的知识，教学中简要介绍其原理，重在激发学生的兴趣，提升学生的社会责任感和使命感。

当今学生在生活中对电子产品的接触越来越多，学生具有与无线电相关的经历和体验，但他们对无线电波的基本工作原理不甚了解，头脑中更没有与之相关的物理模型，这在一定程度上有助于激发学生对相关知识学习的内在动力和积极性。因此，教学中可以从学生熟悉的手机、电视等电子产品的工作模式出发提出问题，让学生建立起无线电波发射和接收的基本模型，在现象观察、猜想假设、讨论交流中，提升学生的核心素养，让学生感受科学、社会、技术和环境之间的联系。

二、任务分解

图4.3-1所示为本节教学设计的任务分解流程图。

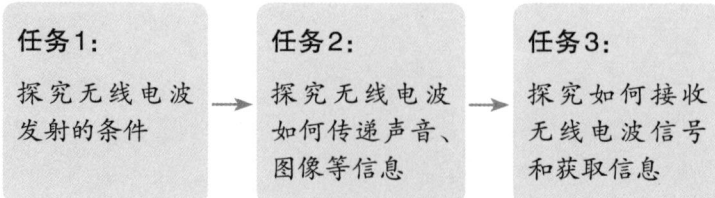

图4.3-1　任务分解流程图

三、学生学习路径

图4.3-2所示为本节教学设计的学生学习路径图。

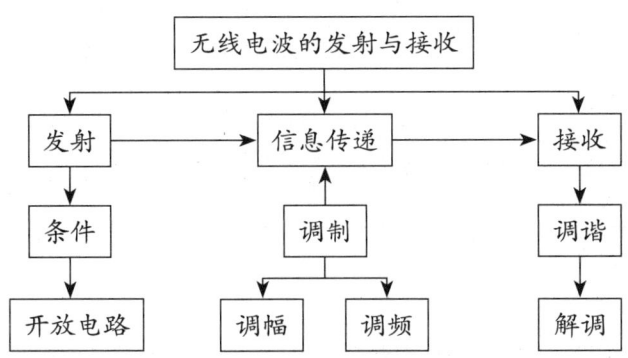

图4.3-2 学生学习路径图

四、教学活动

演示：按下遥控器，打开收音机，调整电台到一定状态，听到"突、突、突"的声音，继续调整又听不到声音。遥控器与收音机之间的距离越远，收音机发出的声音越弱（接收到的信号越弱）。

提出问题：

1.你能尝试解释声音会随着电台的调节时强时弱的原因吗？

2.发射端与接收端之间的距离越远，收音机发出的声音越弱，你认为是什么原因造成的？

任务1 **探究无线电波发射的条件**

问题情境：教师用多媒体课件展示各类不同的信号塔（图4.3-3）、路由器（图4.3-4）、带天线的旧式收音机（图4.3-5）。教师提出表4.3-1所示问题，要求学生回答，培养学生的核心素养。

图4.3-3 信号塔　　　　图4.3-4 路由器　　　　图4.3-5 带天线的旧式收音机

表4.3-1　任务1中的问题及问题指向的素养目标

问题	问题指向的素养目标
1.图中的这些设备分别有什么用途?	根据已有的知识和经历,认识生活中无线电信号的发射和接收(物理观念)
2.如果有一个小孩要过一条水沟,但力气太小跳过不去,可以借助什么解决?一般LC振荡电路能量比较弱,怎样才能使电磁场分布更广,以有效地发射电磁波?	建立起普通LC电路中电磁波和小孩的比较关系,能够从LC振荡电路的基本结构中建构电磁场转换与电磁波发射模型(科学思维)

教 学 建 议

（1）思维引导建议。开放电路模型建构是本任务的重点和难点。因此,本环节一方面应注重演示实验的设计,在实验的逐步调整和深化中,结合现象设置问题梯度,并可以根据"类比一"开展无线电波发射的类比分析(图4.3-7),以学生容易理解的事例作比较,化抽象为具体,打开学生思路,帮助学生更好地理解无线电波发射的条件。在此基础上可以帮助学生从感性认识上升到理性认识,从LC振荡电路(图4.3-6甲、乙)过渡到开放电路(图4.3-6丙),实现模型建构。

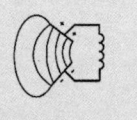

甲　　　乙　　　丙

图4.3-6　由闭合电路变成开放电路

图4.3-7　无线电波发射的类比分析

（2）教学活动建议。教材中本环节内容从"如何有效发射电磁波"问题出发，指出振荡电路的两个特点。教学中不能以灌输形式开展，而应充分创设情境，在教师的引导下，发挥学生主体功能，通过实验演示、学生讨论、猜想探究等形式，结合教学过程，逐步呈现图4.3-6所示的甲、乙、丙模型转换过程，这个过程教师应有足够的耐心，让学生思考、描述，在合作学习中达成教学目标。为更好地调动学生的学习热情和探究意识，在情境创设上，既可以重复演示赫兹实验，也可以创新实验方案，比如将接收端调整为氖泡发光装置。在问题设置上，应层层深入，充分调动学生思维，以帮助学生实现电磁波发射模型的建构。

任务2 探究无线电波如何传递声音、图像等信息

问题情境：教师展示手机视频通话，收音机播放音乐，提出表4.3-2所示问题，要求学生回答，培养学生的核心素养。

表4.3-2 任务2中的问题及问题指向的素养目标

问题	问题指向的素养目标
1.大人可以把小孩"绑"在身上带着一起走，能否把声音、图像等信号"绑"在电磁波中带着一起传递？	通过类比，引导学生建立起无线电波传递信息的基本模型，了解调制的概念（物理观念、科学思维）
2.步行者可以通过什么方式调整速度大小？在同种介质中传播时，波的主要特征量（函数表达式）是什么？声音、图像等信息传播时，可以如何调整？	结合生活事例，引导学生理解无线电波传递声音、图像的方式（物理观念、科学思维）
3.什么是调幅？什么是调频？它们有什么区别？可以如何表示？	知道调频和调幅的特征及图像特征（物理观念）

教学建议

（1）思维引导建议。调制、调幅和调频是容易混淆的概念，如果仅仅是从记忆层面开展教学会呈现很浓的灌输味道，学生思维难以调动。因此，结合"类比二"大人送小孩的生活事例开展声音、图像信息加载的类比分析（图4.3-8），从"绑"信号、"运输"信息和波的特征量信息（函数

表达式)几个方面,引导学生思考无线电信号传输可以运用的不同模式,以此降低概念的抽象性,帮助学生理解概念。

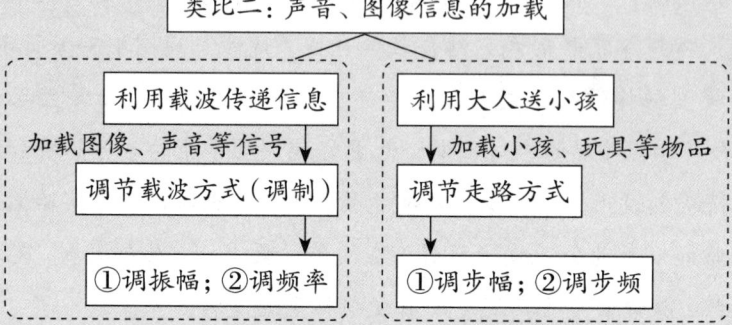

图4.3-8 声音、图像信息加载的类比分析

(2)教学活动建议。由于概念较抽象且容易混淆,这部分教学内容最重要的环节是列举学生熟悉的生活事例——大人背小孩送小孩。教师可以让学生多说,多归纳,并可以尝试让对无线电感兴趣的学生列举自己的生活体验和一些熟悉的概念,如描述动手制作过程中的设备调节过程、设计的设备电路、电磁波信号发生的过程,以及"AM""FM"这些专门用语等等。在这个过程中,要根据学生的描述和反馈,适时呈现如图4.3-9所示的几种波形并做好比较(如载波相当于大人,信号相当于小孩等),以加深学生的感受和理解。因此,从活动体验中充分调动学生的参与度,从生活事例中提升学生的感受度,应该是本环节任务的重要环节。

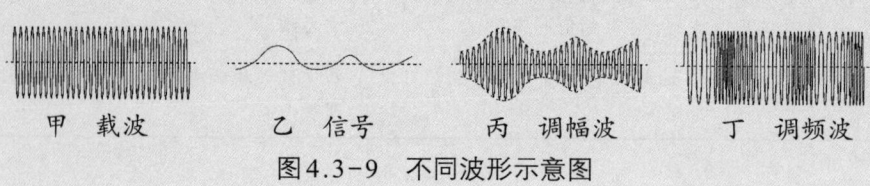

图4.3-9 不同波形示意图

任务3 探究如何接收无线电波信号和获取信息

问题情境:(1)将不同颜色、大小的球放置在不可见的箱子中,让学生分类;(2)同时打开遥控器、手机和赫兹实验信号发射源,调节收音机接收频段,学生

体验信号的接收和筛选过程。教师提出表4.3-3所示问题,要求学生回答,培养学生的核心素养。

表4.3-3　任务3中的问题及问题指向的素养目标

问题	问题指向的素养目标
1.有很多大人送来了不同的小孩,你如何选出你要接的那个从来没见过面的小孩?你会用什么方法来确定?	从听觉(相同口音)、视觉(服装特征)等角度确立物质分类的依据,类比思考为不可见的电磁波分类的依据(物理观念、科学思维)
2.我们周围的空间中存在各种看不见的不同频率的电磁波,你怎么挑选出你所需要的信号?	确定接收电路的特点,建立"同频"概念(物理观念、科学探究)
3.在"换台"的过程中,接收到的声音或图像信息逐渐变亮、变清晰,你认为接收电路是靠什么挑选出信号的?电磁波也是波,是否存在与机械波相似的一些现象?	通过类比,引导学生从振动强度(振幅)的角度了解谐振、调谐和调谐电路的概念(物理观念、科学思维)
4.调谐电路接收到的是图像、声音等信息吗?我们该怎么得到图像、声音信息?	引导学生根据电磁波信号发射的过程思考问题,了解解调、检波的概念(物理观念)
5.你能否以家里的电视机为例表述电视广播的发射和接收过程?	能用所学的知识分析和解决实际问题,提升学生的表述、交流能力(物理观念、科学态度与责任)

教　学　建　议

(1)思维引导建议。无线电信号发射、传输和接收过程的不可见性为整节课的教学带来了困难和挑战,接收信号的过程更需要学生从筛选的角度去理解信号的"选择性"。因此,结合"类比三"开展无线电波接收的类比分析(图4.3-10),从小孩的挑选、接收出发,可在思维上引导学生思考"靠什么选择"的问题。在演示实验的设计上,应注重对发射区和接收区的电容、电感进行优化,注重可视性,帮助学生认识到两个LC电路的特征,从而得到发射的电磁波频率和接收的调谐电路的频率之间的关系,并在与机械波和机械振动的类比中,建立无线电信号"同频共振"的概念和特征。让学生论述电视信号的发射和接收过程,可以帮助学生梳理思路，建立发射—传输—接收的机制和基本电路模型，建议充分发挥学生的主体作用。

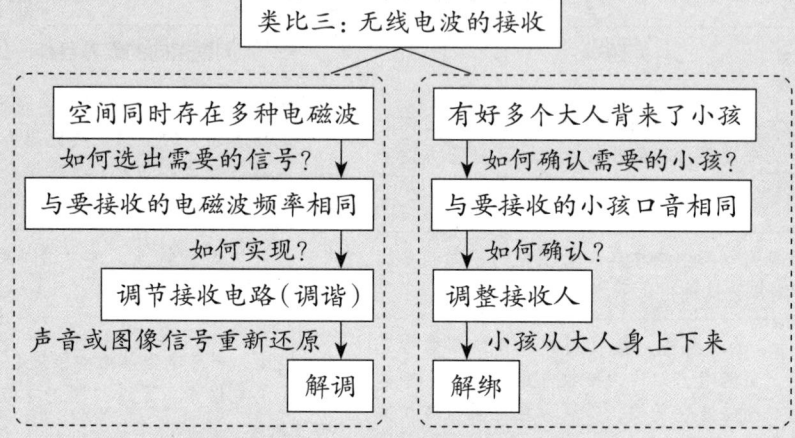

图4.3-10　无线电波接收的类比分析

（2）教学活动建议。本阶段还是以"接小孩"事件作比较，教师演示实验，学生观察、思考、讨论、总结，充分发挥教师引导、学生参与的双主体作用。在"接收从没见过的小孩"问题环节，应让学生充分参与和表述，以达到从熟悉的、可见的生活场景过渡到陌生的、不可见的电磁波，引发学生的思考。在电谐振实验演示阶段，应引导学生在观察实验现象的同时，注重观察实验器材的特征，从而抓住LC电路的特征，把握学习重点，突破难点。在电视信号的发射和接收的论述环节，教师要给出足够的时间和耐心，让学生充分表述和讨论，教师的任务重在倾听和适时引导，以发现学生的习得情况和存在的问题。有条件的话，也可以现场以手机间的视频通话，或者电视直播画面等形式创设情境，让学生用物理知识分析实际问题，以提升学生对社会、科学、技术之间关系的体验感。

五、教学设计点评

本节教学设计常常会在一定的情境基础上，简单地从无线电波的发射和接收角度介绍相关的概念，这样的教学设计侧重于"调制""调幅"等记忆性知识的讲解与分析，而忽视了模型的建构。学生虽然能够从记忆层面了解和区分相关概念，但是难以建构起"信息加载到电磁波上"以及"信息从电磁波中剥离出来"的实际模型。

　　本节课案例的设计中，考虑到学生对易混概念理解上的困难，从学生认知水平和经历出发，以"小孩走亲戚"事件为例，将无线电波发射、传递和接收三个环节与小孩过水沟、走远路和认亲戚三个过程作比较，以简洁的事例帮助学生初步建构起无线电波发射、传播和接收的物理模型，以达到学生认识概念并能够运用概念分析和解决一般问题的教学效果。

浙江省桐乡市教育局教研科研室　沈正杰

第四节 电磁波谱

一、教学内容与学生分析

学生在前面已经学习了机械波、电磁波，对电磁波的产生、发射和接收已经存在一定的了解。本节课的重点是认识电磁波，知道各种电磁波在电磁波谱中的排列顺序、特征和典型应用。

电磁波谱与我们的生活息息相关，本节课阐述了电磁波谱的组成，分波段介绍了无线电波、红外线、可见光、紫外线、X射线和γ射线的特征与典型应用，并且通过生活实际中的应用让学生了解电磁波具有能量，是一种客观的物质。

传统电磁波谱的教学都是以教师讲解为主，学生被动接受。而指向核心素养的教学需要以学生为中心，教师引导学生深度思考，培养学生的学科素养。

二、任务分解

图4.4-1所示为本节教学设计的任务分解流程图。

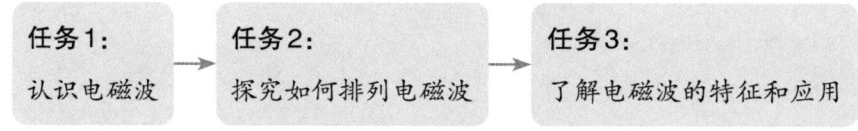

图4.4-1 任务分解流程图

三、学生学习路径

图4.4-2所示为本节教学设计的学生学习路径图。

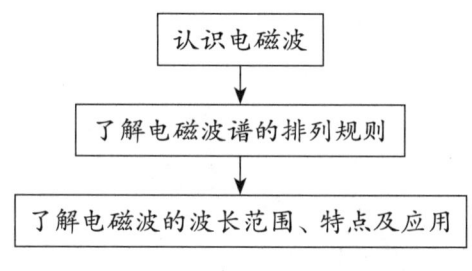

图4.4-2 学生学习路径图

四、教学活动

任务1 认识电磁波

问题情境：演示将MP4与一个线圈相连，音箱与另一线圈相连，分别连接好电路，打开MP4，音箱传出了美妙的歌曲！教师提出表4.4-1所示问题，要求学生回答，培养学生的核心素养。

表4.4-1 任务1中的问题及问题指向的素养目标

问题	问题指向的素养目标
1.为什么没有直接相连的MP4和音箱也能播放音乐？	能从物理学的角度分析出这是一个互感模型，得出通过电磁波传递了信息的结论（科学思维）
2.光是电磁波吗？理由是什么？X射线和γ射线是什么？	通过对光是不是电磁波，X射线和γ射线是什么问题的思考，培养问题意识；能应用所学知识，利用证据解决问题，培养分析和推理能力（科学思维）
3.你知道生活中还有哪些电磁波吗？	

教学建议

（1）思维引导建议。从实验出发，引导学生提出电磁波的概念，而"光是电磁波吗"这个问题引导学生讨论电磁波的共性，从而进一步罗列出生活中的电磁波种类。从学生已有的生活经验出发，引导学生思考并明确电磁波的概念。学生已经学习了机械振动和机械波，有了波长概念的知识储备，这为学生分析得出按照波长排列电磁波得到电磁波谱奠定了基础。

（2）教学活动建议。对于问题1，学生已经学习了互感和自感，知道这是电磁波的作用，所以能很顺利地引出电磁波，进而引出无线电波。紧接着教师提出问题2、3，可以让学生分小组讨论后汇报，教师进行补充，形成统一的结论。

任务2 探究如何排列电磁波

问题情境：用多媒体课件展示图4.4-3、图4.4-4、图4.4-5，问题设置如表4.4-2所示。

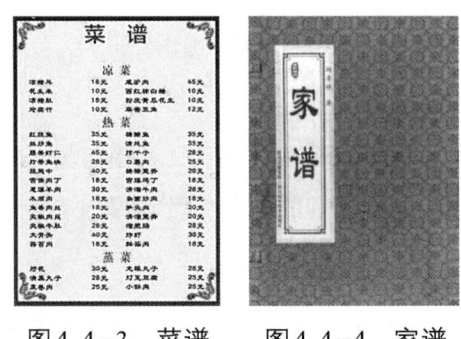

图4.4-3 菜谱　　图4.4-4 家谱

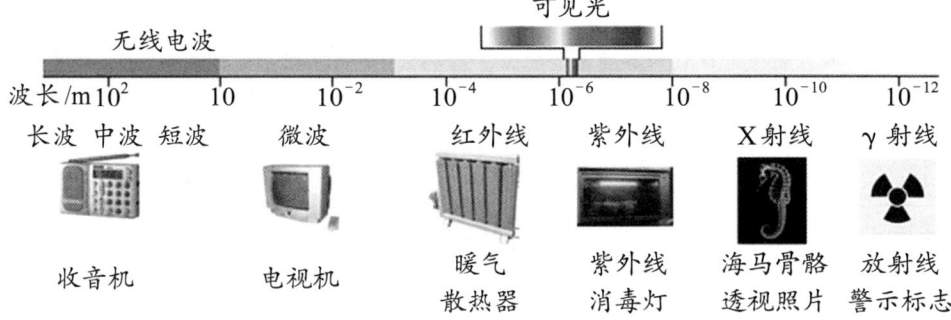

图4.4-5 电磁波谱

表4.4-2　任务2中的问题及问题指向的素养目标

问题	问题指向的素养目标
1.什么是谱,菜谱是谱吗,家谱是谱吗?	知道电磁波谱排列的规律(科学思维)
2.如何将各种电磁波放在同一个谱中?	

教学建议

(1)思维引导建议。从辨别菜谱、家谱是不是谱入手,通过讨论、分析,明确电磁波谱的排列依据。这里需要注意,电磁波谱从产生机理方面可以排列,从波长(频率)角度也可以排列,但X射线和紫外线之间存在重叠,教师要给予解释。

(2)教学活动建议。问题1,让学生独立回答;问题2,让学生小组讨论后回答,教师进行补充和解释。

任务3 了解电磁波的特征和应用

问题情境：所谓谱，即为范围或类型。从图4.4-5可以发现，科学家已经在很大波长范围内观察了电磁波，并罗列出了具有与该波长相对应的典型物体以资比较。问题设置如表4.4-3所示。

表4.4-3 任务3中的问题及问题指向的素养目标

问题	问题指向的素养目标
1.无线电波、红外线、可见光、紫外线、X射线和γ射线的波长范围是多少？特征是什么？有哪些典型应用？	通过自主学习和与同学交流得到各个波段的范围、特征和实际应用，使学生知道科学、技术、社会存在相互联系（科学态度与责任）
2.电磁波谱中各个波段的电磁波的频率如何变化？	
3.不同的电磁波有什么相同点和不同点？	
4.你能举例说明电磁波具有能量吗？	能够从实例中得到电磁波具有能量的结论（物理观念）

教学建议

（1）思维引导建议。赫兹曾经说过"光只是电磁波这个'巨大王国'的一小部分"。按照频率从低到高排列，不同频率的波具有不同的特性。波长大于1mm的电磁波为无线电波，由电子在人造电路中振动的方法产生，能作用于收音机、射电望远镜等物体；红外线的波长范围是760nm到1mm，由分子热运动产生，其作用为热效应；可见光产生原因为在单个原子内运动的电子；紫外线波段也是单个原子内运动的电子产生的，但是其能量更高，能使许多生物分子发生振动，所以具有杀菌作用；X射线是原子内层电子受到激发产生的；γ射线是原子核受到激发产生的，故能量更大。教师对电磁波谱的讲解要按照一定的规律，随着向更小的波长进行，频率逐渐变大，意味着能量更大，其产生也需要更大的能量，作用的空间也越来越小。无线电是宏观电路，红外线在分子中产生，可见光、紫外线和X射线在原子中产生，γ射线在原子核中产生。

（2）教学活动建议。问题1，让学生独立回答，培养学生自主学习的能力，同时让学生明白波长不同，电磁波的特征不同，它的应用也不同，再结合问题2，得到频率不同，为后面章节做铺垫；问题3，让学生讨论后回答，使学生更加明确地知道各种电磁波之间的区别和联系。建议用表格的形式呈现问题1、2、3。对于问题4，让学生自己结合已学知识，对生活中常见的物理现象进行分析和推理，从而获得电磁波具有能量的结论，而具有能量是物质的一个基本属性，从而得到电磁波是一种特殊存在的客观物质。

五、教学设计点评

通常的电磁波谱教学，教师先呈现各种电磁波，然后通过阅读课文、小组讨论等方式，学习电磁波谱的波长范围、特点和应用。这样的教学不能引起学生的深度思考。

本节教学设计从实验出发，通过教师设问，形成思维逻辑，培养学生质疑、论证等科学思维，实现教学任务的落地。

从"物理观念"角度看：通过本节课的学习，使学生了解什么是电磁波谱，知道各种可见光、不可见光与无线电波一样，都是电磁波。了解了不同波长（或频率）范围的电磁波的特性及应用。

从"科学思维"角度看：使学生了解电磁波谱中各波段的主要特性及其在科技、经济、社会发展中的应用。能对部分生活现象进行分析和推理，并有一定的质疑能力。

从"科学探究"角度看：引导和培养了学生仔细观察实验现象并尝试归纳现象、提出问题的学习习惯和意识，使学生会分析数据并进行交流。

从"科学态度与责任"角度看：使学生体会到电磁波的应用对现代社会的影响，明确不同的电磁波具有的不同用途和危害，引发学生对波动现象的好奇心。使学生知道红外线、可见光、紫外线、X射线和γ射线的特点，及其在生产、生活、科技中的典型应用，并了解科技对人类生活和社会发展的影响，增加学生的学习兴趣和责任意识。通过阅读教材，使学生了解寻找地外文明的主要历史和当前的进展，激发学生探索地外未知生命的热情，增强求知欲。

浙江师范大学附属中学　陈冬武

第五章
传感器

随着智能物联网的快速发展，传感器作为智能系统的重要组成部分，与学生的生活息息相关。本章的教学设计旨在通过真实情境的构建、真实任务的驱动，引导学生定性研究传感器的工作原理和应用模式，帮助学生设计制作简单的传感器控制装置，为学生课后开展研究性学习活动提供素材和依托。

本章内容从认识传感器的原理、种类、应用模式，到了解常见传感器的应用，再到制作自动控制装置，从理论到实践层层深入。新教材降低了对传感器工作原理的要求，增加了学生动手设计、制作传感器控制装置的要求。基于这一变化，本章教学设计重视实际问题的解决和学生实践能力的提升。在教学过程中，理论联系实践、突出科技与社会的密切联系，如引导学生研究楼道光声控电灯的工作模式、设计自动晾衣架等；立足核心素养、注重渗透科学思维的培养，如归纳传感器的种类等。

本章的教学设计引导学生建立与传感器相关的物理观念和框架。通过教学活动的开展，激发学生的探究兴趣，培养学生科学思维和实验探究等核心素养。

第一节　认识传感器

一、教学内容与学生分析

本节内容是整章知识的基础。传感器是测量和控制电路中不可缺少的元器件，在现代生活中已经被广泛应用，学生可以通过观察一些现象和生活实例，初步形成传感器的概念，知道传感器是如何将非电学量转换成电学量的，初步了解传感器种类、结构与应用模式。

本节课涉及了大量的物理学知识，将力学、电磁学的知识与传感器的设计、应用紧密联系，集中体现了教材对科学、技术与社会相互关系的关注，在课程内容上体现了时代性。本节课有关技术的内容十分丰富，但在教学要求上不同于技术课程，更侧重于物理原理在传感技术中的应用。

学生在之前的学习中已经掌握了有关力、热、电、磁、光等基本知识和原理，尤其掌握了有关电路、磁场的内容，这是学习本节课的知识储备。在日常生活中传感器的应用日益普遍，可以作为本节课教学的经验基础，充分调动学生的思维，积极回忆和联想生活中的传感器实例，激发学生的探究欲望和自主学习的热情，从而为本节课的目标达成提供有利条件。

二、任务分解

图5.1-1所示为本节教学设计的任务分解流程图。

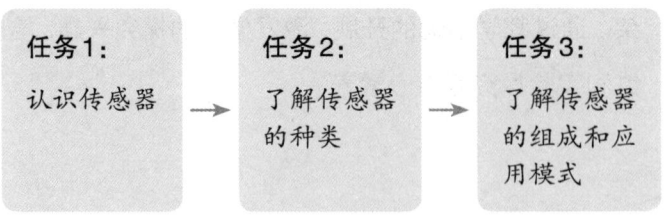

图5.1-1　任务分解流程图

三、学生学习路径

图5.1-2所示为本节教学设计的学生学习路径图。

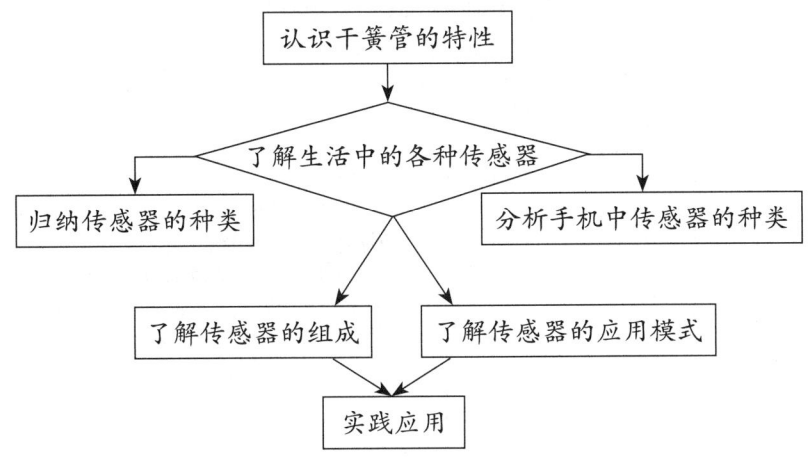

图5.1-2 学生学习路径图

四、教学活动

任务1 认识传感器

问题情境1：如图5.1-3所示，玩具狗咬"骨头"，玩具狗是怎么感知到了"骨头"的存在？控制玩具狗嘴巴开合的开关是什么？

问题情境2：如图5.1-4所示，小盒子A的侧面露出一个小灯泡，盒外没有开关。如果把磁体B放到盒子上面，灯泡就会发光；把磁体移走，灯泡熄灭。盒子里有什么样的装置，才能出现这样的现象？

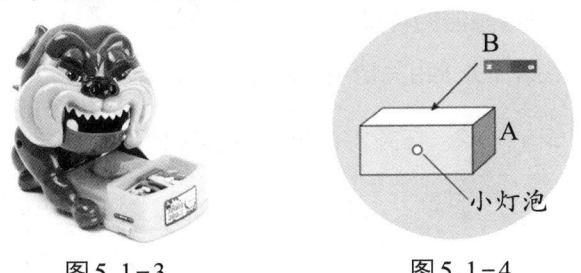

图5.1-3   图5.1-4

教师介绍干簧管的特性，引导学生打开"骨头"，展示"骨头"里藏的小磁铁，进而推测玩具狗头中藏有干簧管，最后由学生打开狗头找到干簧管。

问题情境3：展示生活中各种传感器的应用场景。

教师提出表5.1-1所示问题，要求学生回答，培养学生的核心素养。

表5.1-1　任务1中的问题及问题指向的素养目标

问题	问题指向的素养目标
1.楼道的感应灯是如何实现人来就开，人走就熄？	观察生活中常见的传感器，认识到传感器存在的普遍性（物理观念） 通过介绍传感器在生活中的普遍应用，让学生意识到传感器学习的必要性和实用性，同时也让学生对自己所观察的现象产生疑惑，激发探索欲望，引导学生进一步提出物理问题和假设（科学思维）
2.宾馆的自动门如何做到当人走近时开门，当人离开时关门？	
3.便携式酒精检测仪如何感知乙醇的浓度？	
4.烟感报警器如何防范火灾？	
5.电子体温计如何测量人体体温？	
6.驾驶员在执行飞行任务时如何获得各种参数？	

教 学 建 议

（1）思维引导建议。将"狗咬骨头"的小魔术与教材中灯泡盒的问题情境相呼应，激发学生类比思维。

（2）教学活动建议。"狗咬骨头"的小魔术由学生自行体验；介绍完干簧管的特性之后，教师引导学生打开"骨头"找到磁铁，让学生猜测干簧管在哪里；传感器的生活素材有很多，教师在选择素材时要注意结构化、多样化。

任务2　了解传感器的种类

问题情境：根据任务1相关情境，设置表5.1-2所示问题。

表5.1-2　任务2中的问题及问题指向的素养目标

问题	问题指向的素养目标
1.刚才这些生活中的传感器种类相同吗？它们分别把哪些非电学量转换成了电学量？	通过引导学生将生活中传感器的作用与传感器的定义相结合，总结出传感器的常见种类，培养学生的归纳思维（科学思维）

续表

问题	问题指向的素养目标
2.如图5.1-5所示,请同学们根据日常使用手机的情况来思考,手机里有哪些不同种类的传感器? 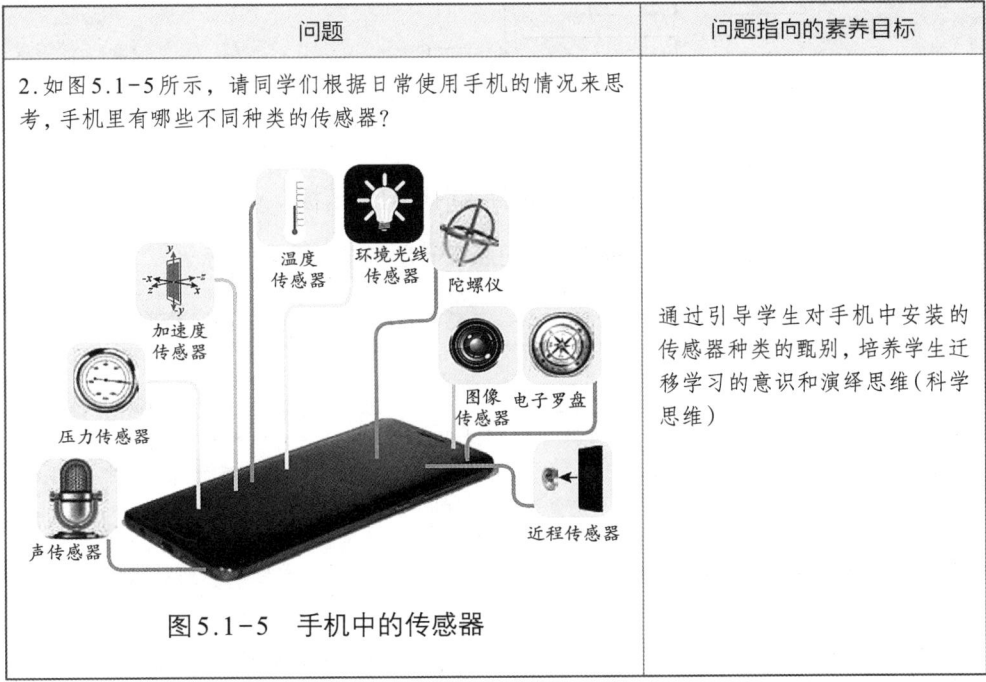 图5.1-5 手机中的传感器	通过引导学生对手机中安装的传感器种类的甄别,培养学生迁移学习的意识和演绎思维(科学思维)

教学建议

(1)思维引导建议。引导学生把现实生活中纷繁复杂的传感器总结归纳为若干个常见的种类,并在总结归纳的过程中寻找同一性和差异性;在学生对传感器种类有了大致了解的情况下,让学生对其常用的手机中的传感器进行分析讨论,培养其演绎思维。

(2)教学活动建议。在总结归纳传感器种类的环节建议使用表格图示;在分析手机中有哪些种类的传感器时,建议展示手机的各个应用场景,并让学生分组讨论,增强学生的合作意识和责任感。

任务3 **了解传感器的组成和应用模式**

问题情境:教师自制光声控延时电灯演示板(原理图如图5.1-6所示),演示光声控延时开关电路的功能,并提出表5.1-3所示问题。

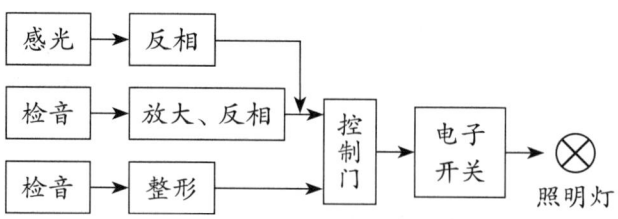

图5.1-6 光声控延时电灯演示板

表5.1-3 任务3中的问题及问题指向的素养目标

问题	问题指向的素养目标
1.演示光声控延时开关电路的功能： ①在光照情况下,声音不能控制电灯点亮; ②关闭教室内的光源,声音能"打开"电灯,并延时几秒后熄灭; ③用物体遮挡光眼处,在无光照情况下声音能控制电灯;根据演示实验,请学生猜想光声控延时开关里有什么功能性元件?让学生自己拆装光声控延时电灯灯座,并思考如何通过这些元件来实现光声控延时功能?	通过引导学生猜想、分析光声控延时开关里的功能性元件,让学生了解到传感器是由敏感元件和转换元件组成的(物理观念) 通过让学生动手拆解光声控延时电灯,培养学生的实践能力(科学探究)
2.请学生思考并讨论信号从观察、测量到显示、记录,在传感器中经历了哪些应用流程?	通过引导学生讨论并概括传感器应用的一般模式,培养学生的合作意识(科学思维、科学态度与责任)

教学建议

（1）思维引导建议。在分析光声控延时电灯的环节，要注意遵循观察现象—猜想—实验探究—归纳的思维流程，切忌由教师给出答案；在概括传感器应用的一般模式时，建议使用图5.1-7所示的思维导图的形式，将各个环节与实例相对应。

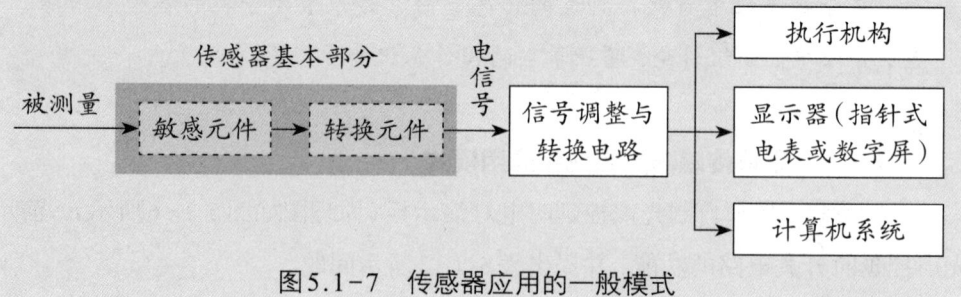

图5.1-7 传感器应用的一般模式

（2）教学活动建议。由于上课是在短时间内演示，建议将光声控延时电灯的延时时间缩短为 5~10 s；让学生自己拆装光声控延时电灯灯座，自己寻找到话筒、光敏元件及转换电路，特别注意必须断开电路；让学生讨论传感器应用的一般模式时，可能部分学生无从下手，可以让能力较强的小组代表发言，教师再进行小结，建构完整的知识体系。课后分小组布置研究性课题，培养学生理论联系实际、动手实践、科学研究的能力，激发学生的学习兴趣，加强物理与科学、技术和社会的联系。

五、教学设计点评

本节课是对传感器种类和原理的简单介绍，在通常教学设计中，教师往往对该内容不够重视，先直接介绍干簧管的原理，然后介绍传感器的种类并举例，最后以电容式话筒为例简单介绍传感器的组成和应用模式。这样的流程简单顺畅，但省略了从现象到本质、从特殊到普遍的探究过程，只关注了知识层面的培育，忽略了对学生学科核心素养的培育，难以提升学生解释现象、解决问题的关键能力。

本教学设计以核心素养的落实为着眼点，以实验探究、问题解决为立足点，以知识的实践应用为落脚点，充分体现了"学为中心"的课堂教学理念，突出展示了本节课对培育学生物理核心素养方面的独到作用。

从"物理观念"角度看：通过任务1的问题情境，从生活实际出发，帮助学生建立"传感器具有普遍性、多样性、实用性"等物理观念；通过任务3的实验演示，分析传感器原理，深化了学生的物质观、转化观。

从"科学思维"角度看：在任务1、任务2、任务3的教学设计中，充分体现了定性分析、逻辑推理、归纳演绎、批判质疑等科学思维方法，培养学生使用科学证据的意识和能力，培养学生的抽象思维、形象思维和直觉思维。

从"科学探究"角度看：在任务3中让学生动手拆解光声控延时电灯，培养学生获取证据的能力；让学生叙述实验结论，培养学生分析证据、处理信息、描述并解释实验结果的能力。

从"科学态度与责任"角度看：通过实验和真实情境，激发学生的好奇心和求知欲；通过实验探究过程，培养学生实事求是的科学责任；通过师生互动、生生交流，培养学生主动与他人合作的科学态度。

因此，本教学设计很好地把物理核心素养的培育落实到了各个教学环节中。

浙江省桐乡市凤鸣高级中学　叶磊佳

第二节 常见传感器的工作原理及应用

一、教学内容与学生分析

本节教学的特点是定性研究一些原理性基础知识，但不做定量的计算，所以做好本节教学的关键是多举实例和多做实验。通过学生观察到的一些现象和探索常见实例的过程，达到"培养物理核心素养"的要求。

本节教学从"物理观念"角度上需要学生认识光敏电阻、金属热电阻、热敏电阻和电阻应变片的特性，知道这四种传感器的工作原理，并能认识生活中常见的一些传感器，还能粗略分析具体运用的是哪些传感器。同时，通过同桌合作科学探究实验、观察实例现象、科学推理交流、解释论证过程，激发学生探究传感器工作原理的好奇心，培养学生实事求是的科学态度。

学生虽在之前学习中已经掌握了电路的连接与分析、多用电表的使用等电学知识，但让学生独立分析四种传感器的工作原理可能还存在一些困难。因此，需要根据学生的实际情况分解大任务，搭建"小支架"让学生逐步解决问题。

二、任务分解

图5.2-1所示为本节教学设计的任务分解流程图。

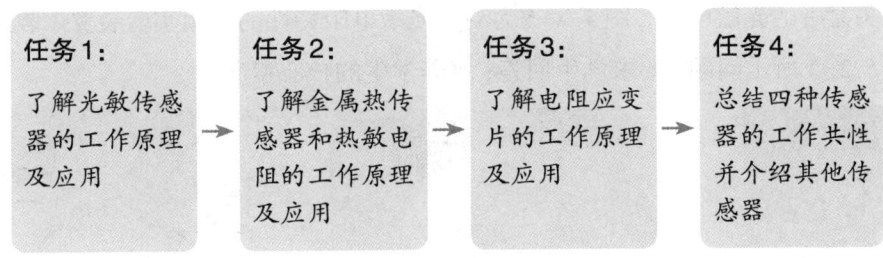

图5.2-1　任务分解流程图

三、学生学习路径

图 5.2-2 所示为本节教学设计的学生学习路径图。

图 5.2-2　学生学习路径图

四、教学活动

任务1　了解光敏传感器的工作原理及应用

问题情境：如图 5.2-3 所示，引入实验——神奇的发光树，图 5.2-4 为发光树开关盒中的光敏电阻，图 5.2-5 为测量光敏电阻特性的学生实验装置。教师提出表 5.2-1 所示问题，要求学生回答，培养学生的核心素养。

 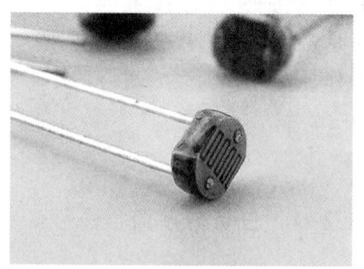 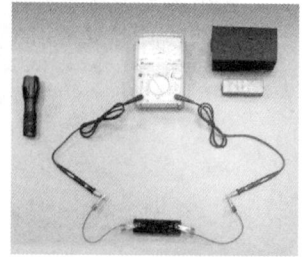

图 5.2-3　发光树演示实验　　图 5.2-4　发光树开关盒中的光敏电阻　　图 5.2-5　测量光敏电阻特性的学生实验装置

表5.2-1　任务1中的问题及问题指向的素养目标

问题	问题指向的素养目标
1.图5.2-3发光树的演示实验中,当手慢慢遮住开关盒时,你看到了什么现象?	了解光敏传感器改变电阻的原理(物理观念) 能对神奇的发光树发光的物理现象进行简单的分析和推理,获得光照强弱转换是由于电阻这个物理量变化的结论(科学思维)
2.为什么发光树会变暗?猜测这个开关盒中有什么元器件?	
3.图5.2-4为发光树开关盒中的光敏电阻原件,这个光敏电阻能改变电阻的原因是什么?	
4.利用图5.2-5的实验装置,比较光敏电阻在不同光照条件下电阻值的不同,你安排的实验步骤是怎样的?	能够简单地设计实验过程,通过数据得到实验结果(科学探究) 经历"观察光敏电阻特性"的合作探究活动,培养学生参与活动的热情和与人合作的精神(科学态度与责任)
5.你得出的实验结论是什么?	
6.生活生产中,光敏电阻还有哪些应用?	了解光敏电阻的工作原理和光敏电阻在生活生产中的应用(物理观念)

教 学 建 议

（1）思维引导建议。通过观察神奇的发光树发光现象,让学生体会、思考并分析出开关盒的光照强弱对电阻的影响从而导致发光树发光的亮暗变化。通过设计实验、学生合作实验得出光敏电阻特性以及光敏电阻能够把光照强弱这个光学量转换为电阻这个电学量的结论,最后分析光敏电阻的工作原理。

（2）教学活动建议。问题1、2可在学生充分观察演示实验的基础上,让学生小组讨论后回答;问题3可在学生阅读课本相关内容后请学生独立回答;问题4、5可在实验操作前和实验结束后由学生独立回答,其他同学补充,教师根据学生回答情况进行补充和小结;问题6可让学生独立回答,展示课前的预习成果。

任务2　**了解金属热传感器和热敏电阻的工作原理及应用**

问题情境:用多媒体课件展示下列图片,图5.2-6为用电阻温度计测酒精灯火焰的温度,图5.2-7为电阻随温度变化关系图,图5.2-8为观察热敏电阻特性的演示实验装置。教师提出表5.2-2所示问题，要求学生回答，培养学生的核心素养。

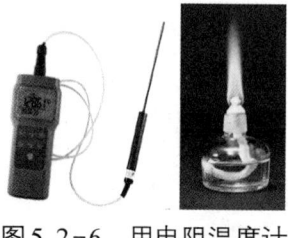

图5.2-6 用电阻温度计测酒精灯火焰的温度

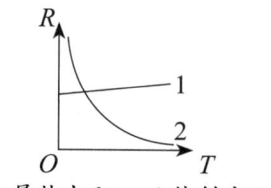

图5.2-7 电阻随温度变化关系图

图5.2-8 观察热敏电阻特性的演示实验装置

表5.2-2 任务2中的问题及问题指向的素养目标

问题	问题指向的素养目标
1.图5.2-6用电阻温度计测酒精灯火焰的温度实验中，酒精灯的外焰、内焰的温度有多高？	了解电阻温度计测温的原理，知道金属热电阻和热敏电阻都能把温度这个热学量转换为电阻这个电学量（物理观念）
2.电阻温度计测温的原理是什么？	能对电阻温度计测火焰温度实验现象进行简单的分析和推理，获得利用金属热电阻可以测温的结论（科学思维）
3.图5.2-7电阻随温度变化关系图中，半导体电阻随温度变化的关系是怎样的？	
4.在图5.2-8的实验装置中，分别用热水和冰水改变热敏电阻温度，观察流过热敏电阻的电流变化，分析热敏电阻的特性是怎样的？	经历"观察热敏电阻特性"的演示实验活动，培养学生参与活动的热情和积极探索的科学精神（科学态度与责任）
5.生活生产中，热敏电阻还有哪些应用？	了解金属热电阻和热敏电阻的特性和热敏电阻在生活生产中的应用（物理观念）

教学建议

（1）思维引导建议。用"怎样测量酒精灯火焰温度"这个问题引入，展示电阻温度计测温过程，引导学生思考电阻温度计测温的原理；通过类比光敏电阻的工作原理让学生总结出金属热电阻能够把温度转换为电阻；再结合电阻随温度变化的关系图，进一步得出热敏电阻的电阻随温度变化的关系；最后，利用演示实验装置验证热敏电阻的特性。

（2）教学活动建议。问题1、2可由学生在认真观察测温实验现象的基础上，小组讨论后回答，可以多几位同学发表观点；问题3可让学生独立回答，其他同学补充；对于问题4，让一组同学操作演示实验，完成后发表观点，其他同学补充完善；问题5可让学生独立回答，展示课前的预习成果。

任务3 了解电阻应变片的工作原理及应用

问题情境：用多媒体课件展示下列图片，图5.2-9为电子秤上的电阻应变式压力传感器，图5.2-10为应变片测力原理图，图5.2-11为电阻应变片。教师提出表5.2-3所示问题，要求学生回答，培养学生的核心素养。

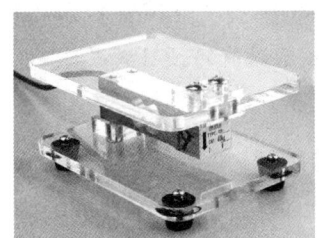 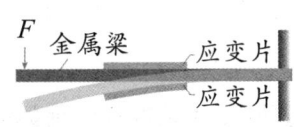 

图5.2-9 电子秤上的电阻应变式压力传感器　　图5.2-10 应变片测力原理图　　图5.2-11 电阻应变片

表5.2-3 任务3中的问题及问题指向的素养目标

问题	问题指向的素养目标
1.一段柔软的金属丝受到拉力时，电阻如何变化？如果这段金属丝受到压力，电阻又如何变化？	了解金属的电阻应变效应以及电阻应变片能把物体形变这个力学量转换为电阻这个电学量（物理观念）能简单运用电阻定律分析、解释金属的电阻应变效应（科学思维）
2.金属有电阻应变效应，那么半导体有没有呢？	
3.图5.2-9、图5.2-10分别是电子秤里常用的应变式压力传感器和应变片测力原理图，应变片的测力工作原理是怎样的？应变式压力传感器的工作原理又是怎样的？	能简单运用电阻的应变效应和恒定电流相关知识分析、推理应变式压力传感器的工作原理（科学思维）了解应变式压力传感器的工作原理（物理观念）
4.生活生产中，压力传感器除了图5.2-11的电阻应变片原件外还有哪些应用？	

> **教学建议**
>
> （1）思维引导建议。从一根金属丝拉长和压短的两个过程分析电阻值的变化，引出金属的电阻应变效应；再引申到半导体利用压阻效应也可以做出电阻应变片；举例电阻应变片在生活中的一个应用——电子秤里的应变式压力传感器，尝试让学生小组讨论后分析出应变片测力的工作原理和电子秤的应变式压力传感器的工作原理；最后，请同学讲讲生活中压力传感器的其他应用。
>
> （2）教学活动建议。问题1可由学生独立思考后回答，其他同学补充；问题2让学生在阅读课本相关内容后回答；问题3让学生小组充分讨论后发表各自的观点，教师补充完善；问题4让学生独立回答，展示课前的预习成果。

任务4 总结四种传感器的工作共性并介绍其他传感器

问题情境：展示下列图表，表5.2-4为请学生总结四种传感器工作共性的表格，图5.2-12为电容式位移传感器示意图。教师提出表5.2-5所示问题，要求学生回答，培养学生的核心素养。

表5.2-4 传感器工作共性总结表

传感器名称	输入的物理量	输出的物理量
光敏电阻		
热敏电阻		
金属热电阻		
电阻应变片		

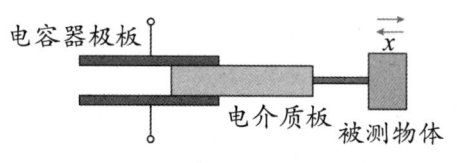

图5.2-12 电容式位移传感器示意图

表5.2-5 任务4中的问题及问题指向的素养目标

问题	问题指向的素养目标
1.通过前面的学习，请你小结光敏电阻、热敏电阻、金属热电阻和电阻应变片的特性并填写表5.2-4	知道四种传感器的工作共性是通过测量电阻的变化来确定非电学量的变化（物理观念）

续表

问题	问题指向的素养目标
2.这四种传感器的工作共性是什么？	
3.图5.2-12是电容式位移传感器，它的工作原理是怎样的？	运用分析已学的四种传感器工作原理的方法，分析、推理电容式位移传感器的工作原理（科学思维）
4.生活生产中，你还见过哪些传感器？	知道生活中常见的传感器（物理观念）

教 学 建 议

（1）思维引导建议。小结已学的四种电阻式传感器的特性并填表，归纳总结出这四种传感器的工作共性，再请学生独立分析、思考电容式位移传感器的工作原理，最后介绍并展示生活生产中的其他传感器。

（2）教学活动建议。对于问题1、2，可在学生独立填表的基础上，让学生归纳总结出工作共性；问题3让学生独立分析后回答，其他同学补充完善；问题4让学生独立回答，展示课前的预习成果。

五、教学设计点评

本节课中的光敏电阻、热敏电阻、金属热电阻和电阻应变片的内容，在通常教学设计时侧重于功能分析和电路分析。但从指向核心素养的学科实践教学角度考虑，本教学设计引用了大量的生活情境，运用物理学科的概念、思想与工具，整合心理过程与操控技能，通过分析、设计、实验等方式，让物理从生活中来，到生活中去。

从"物理观念"角度看：本节设计不是简单的知识传授，而是以任务的方式，通过师生、生生之间的互动，让学生经历研究发光树的开关、电阻温度计和电子秤上的压力传感器的过程。建立起传感器的敏感元件是把非电学量转换为电学量装置的观念。

从"科学思维"角度看：本节设计对比较简单的生活物理现象进行观察、分析、判断和推理，获得了光敏电阻能将光照强度这个光学量转化为电阻这个电学量、热敏电阻能把温度这个热学量转化为电阻这个电学量、金属电阻应变片和半导体电阻应变片都能够把物体形变这个力学量转化为电阻这个电学量的结论。

从"科学探究"角度看：任务1中测量光敏电阻特性的实验，引导学生从控制变量的角度设计实验方案，通过实验归纳、总结出光敏电阻的原理；任务2中热敏电阻特性的演示实验，通过观察现象、提出物理问题、分析数据等探究过程，发现特点、形成结论，并尝试用已有的物理知识进行解释。两个任务均在实验中培养了学生科学探究的素养。

从"科学态度与责任"角度看：本节设计通过分析生活中的物理情境和物理现象，增强了学生将物理知识与生活实际联系的意识，激发了学生探究物理规律的热情，培养了学生的科学态度与责任。

浙江省宁波市鄞江中学　屠建群

第三节　利用传感器制作简单的自动控制装置

一、教材内容与学生分析

本节课是在认识了常见的传感器及其原理之后的一节实验课，目的是让学生学会利用常见的传感器设计自动控制电路，并能够选择合适的器材制作自动控制装置。这是一节学科实践课，结合了一些简单的生活情境，让学生设计自动控制系统来解决生活中的实际问题，其综合性与操作性较强，是培养学生科学思维、科学探究、科学态度与责任的一个良好契机。

学生通过前两节的学习，知道可通过干簧管、光敏电阻、红外线接收装置等敏感元件，把相关的非电学量转化为电学量并进行测量、传输、处理和控制，也掌握了光敏电阻、热敏电阻、电阻应变片等常见元件的原理及其在传感器中的应用。

本节教材通过门窗防盗报警、光控开关等生活情境，结合干簧管与光敏电阻的传感功能、三极管与继电器的电路控制功能，设计、制作相关的自动控制装置。在教学设计时也可以结合学生的实际情况，进行一些真实情境的自动控制装置分析与制作，让学生充分经历自动控制装置的设计、制作、改进、反思等过程，培养学生问题、证据、解释、交流等学科素养。

二、任务分解

图 5.3-1 所示为本节教学设计的任务分解流程图。

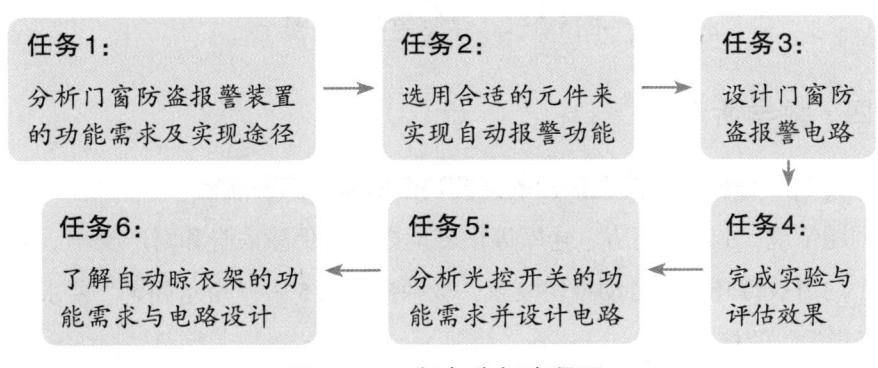

图 5.3-1　任务分解流程图

三、学生学习路径

图5.3-2所示为本节教学设计的学生学习路径图。

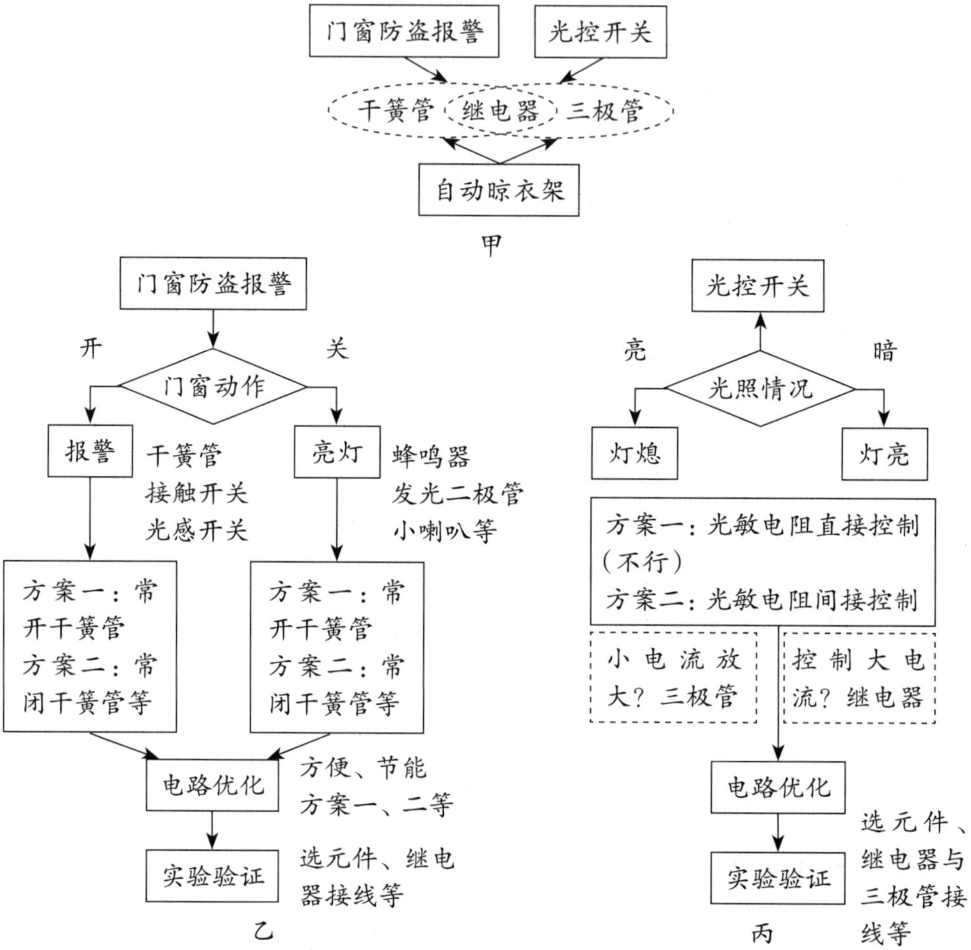

图5.3-2 学生学习路径图

四、教学活动

任务1 分析门窗防盗报警装置的功能需求及实现途径

问题情境：住宅、商店、仓库等很多地方，为保障人身和财产安全，需要设计一个门窗被打开时的自动报警装置。教师提出表5.3-1所示问题，要求学生回答，培养学生的核心素养。

表5.3-1　任务1中的问题及问题指向的素养目标

问题	问题指向的素养目标
1.这个装置对应门窗的哪两种状态，怎么用电学装置显示这两种状态？	知道门窗的"开"和"关"状态可以用发光装置和发声装置"显示"（物理观念）
2.请把这两种状态和提示方式对应，作为一个子功能	分析得出"门打开时发声装置报警，门关上时指示灯亮"较为合理（科学思维、科学态度与责任）

教 学 建 议

（1）思维引导建议。引导学生明确将门窗的开关状态与自动控制装置中电学装置的状态一一对应，是实现自动控制的目标。让学生讨论"开的状态对应发声装置，关的状态对应发光装置"的必要性，充分体现了人性化的设计，也体现了科学态度与责任。

（2）教学活动建议。问题1可让学生思考后回答；问题2可让学生充分展示、讨论、质疑。

任务2　选用合适的元件来实现自动报警功能

问题情境：教师提出表5.3-2所示问题，要求学生回答，培养学生的核心素养。

表5.3-2　任务2中的问题及问题指向的素养目标

问题	问题指向的素养目标
1.门窗的"开"和"关"两个状态对应的是什么物理量变化？如果要实现自动控制，需要把这两个信号转化为什么信号？可以用什么装置把这一物理量变化转换为电学信号？	知道需要把位置变化转变为电学信号，知道干簧管可以实现这一功能（物理观念）
2.发声报警和发光提示可以用什么元件实现？	知道蜂鸣器和发光二极管可以实现这一功能（物理观念）

教学建议

（1）思维引导建议。讨论转换装置时可能会有很多种方案，引导学生从经济、实用、可靠性、节能环保等方面进行综合考量。

部分学生认为可以直接在门上安个开关，为什么不行呢？哪个传感器可以实现"非接触"的开关功能？报警的元件选什么？喇叭还是蜂鸣器更合适？部分学生曾在电影中看到用喇叭提醒，是否可行？指示灯选用普通灯还是二极管合适？

（2）教学活动建议。讨论问题1时，可以用开放的观点与答案，充分发挥学生的质疑与创新精神；问题2可以让学生思考后回答，其他同学质疑、讨论、补充。

任务3　设计门窗防盗报警电路

问题情境：教师提出表5.3-3所示问题，要求学生回答，培养学生的核心素养。

表5.3-3　任务3中的问题及问题指向的素养目标

问题	问题指向的素养目标
1.请设计"门打开时蜂鸣器报警"的电路	能用干簧管、蜂鸣器设计报警电路（科学思维）
2.请设计"门关上时二极管发光"的电路	能用干簧管、发光二极管设计电路（科学思维）
3.分成两个电路能否实现"自动"这一功能？需要在一个电路中实现两个功能，怎样才能共用干簧管？哪些是公共部分？哪些是独立部分？可以用什么装置实现两个功能之间的切换？	意识到用一个电路实现两个功能，既是电路设计的需要，又可以节约资源（科学态度与责任）知道继电器可以实现"自动的双向开关"这一功能（物理观念）
4.请设计"门窗防盗报警"电路	能用干簧管的电信号控制继电器双向开关，实现电路功能（科学思维）

教学建议

（1）思维引导建议。在电路设计时让学生实现由单一功能到多功能的整合，充分考虑学生的能力情况，恰当地进行思维引导，遵循由简入繁的原则。继电器原理不难,但接线较复杂,可以设置恰当的教学环节交代清楚。

教学思路参考:门打开时,干簧管处于接通还是断开状态?此时蜂鸣器工作吗?干簧管与蜂鸣器串联还是并联?门关上时,干簧管处于什么状态?此时二极管发光吗?两者应该是串联还是并联?发光二极管额定电流多大?怎样才能让它正常工作?刚才的设计用的是两个电路,但同时用到了干簧管和电源,显然把这两个功能整合到一个电路中更加合理。直接在同一个电源上并联这两个部分是否可行?干簧管的通断信号如何转换为两个支路的开关信号?干簧管通电时,继电器应使哪一路元件通电?断开时呢?画好之后,请以小组为单位论证"门窗防盗报警"功能是否实现。

(2)教学活动建议。问题1、2对应的电路较简单,可以让学生展示作品,其他学生进行评价;问题3是由普通电路到自动控制电路的关键环节,可以让学生充分发表意见后形成共识;问题4的电路较复杂,考虑到一节课的时间有限,可选用较完整的学生设计进行改进评价,最终得出结果。

任务4 完成实验与评估效果

问题情境:要求学生根据任务3中设计的电路图,在面包板上连接门窗防盗报警电路。教师提出表5.3-4所示问题,要求学生回答,培养学生的核心素养。

表5.3-4 任务4中的问题及问题指向的素养目标

问题	问题指向的素养目标
1.电路中电源电压与各电学元件的额定电压、额定电流之间应该满足什么关系?	知道各电学元件要在额定电压(电流)下工作,如果不能满足,则实际电压(电流)应处在一个合理区间(物理观念)
2.请根据电路图列出所需的电学元件,并由电压(电流)之间的关系选择合适的元件	能根据电路图和额定电压(电流)选择电学元件(物理观念)

问题	问题指向的素养目标
3.怎样才能安全、快捷地连接电路(图5.3-3)?	知道连接电路的合理顺序和注意事项(物理观念、科学态度与责任)
4.如何判断预期功能是否实现?	正确连接电路,由实验结果分析电路功能是否实现(科学探究)
5.请简要总结利用传感器制作简单的自动控制装置的设计思路	能简要总结设计思路(科学思维)

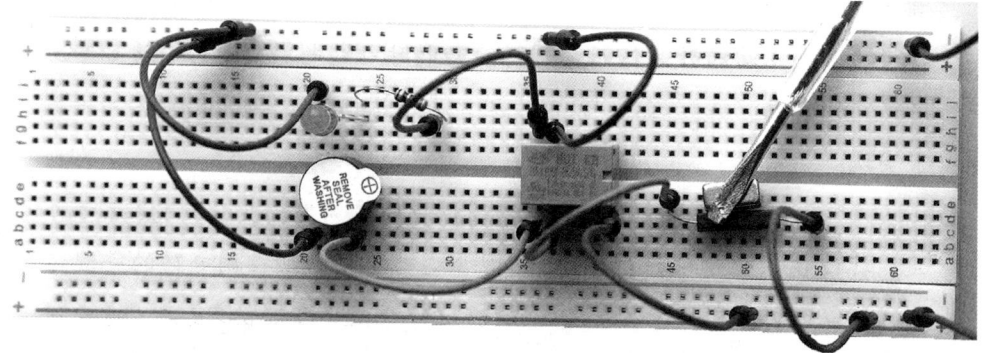

图5.3-3　门窗防盗报警电路连接示意图

教学建议

（1）思维引导建议。选择元件的额定电压(电流)、额定功率时,要让学生认识到器件之间需要匹配,可以先考虑元件再考虑电源。连接电路前,需要特别交代清楚继电器的五个接线脚与电路图的对应关系。连接电路时引导学生将元件的位置与电路图一一对应,这样可以方便连接,减少错误。

教学思路参考:蜂鸣器的额定电压为5V,电源电压应该选择几伏?发光二极管的工作电流为5～10 mA,与其串联的保护电阻应选择几欧姆?继电器的额定电压应选择几伏?继电器五个接线脚与干簧管、蜂鸣器、发光二极管如何对应?磁铁靠近和远离干簧管时,分别对应哪个元件工作?

从任务情境分析到自动控制装置的实现,其过程充分体现了学生的综合思维。可以让学生总结需求分析、电路设计、实验验证等问题解决的过程,列出实验的思维过程(图5.3-4),提升学生认知水平。

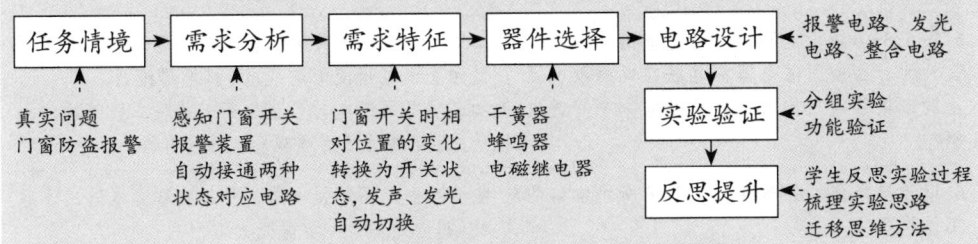

图5.3-4 门窗防盗报警实验的思维过程

(2)教学活动建议。继电器的连接是一个较复杂的操作,提醒学生重视这个难点,并设计教学环节让学生充分掌握。

问题1、2让学生独立思考后回答;问题3让学生独立思考后回答,其他同学补充;问题4让学生独立思考后回答,分组实验后,由实验结果评判实验是否成功;问题5让学生独立思考后回答,其他同学质疑并补充。

任务5 分析光控开关的功能需求并设计电路

问题情境:街上的路灯采用了定时开关,但有时天气晴好、傍晚天还很亮时,路灯已经亮了;反之,阴雨天时,天很暗了路灯还没有开启。可以用什么传感器实现对路灯的自动控制呢?教师提出表5.3-5所示问题,要求学生回答,培养学生的核心素养。

表5.3-5 任务5中的问题及问题指向的素养目标

问题	问题指向的素养目标
1.强光照射时,光敏电阻的阻值如何变化?对应的路灯什么状态?反之呢?	知道强光照射时,阻值变小(物理观念) 知道光敏电阻阻值变化与路灯开关的对应关系(科学思维)
2.三极管的作用是什么?	知道三极管的作用是自动开关(物理观念)
3.图5.3-5电路中,怎样才能让三极管导通,从而使二极管(模拟路灯)发光?	知道基极电压达到一定程度后,三极管被导通,从基极输入一个较小的电流,就会在集电极获得较大的电流(物理观念)

续表

问题	问题指向的素养目标
4.请连接电路，并解释图5.3-5所示电路的工作原理	能按照电路图连接电路，并正确解释电路工作原理（科学思维，科学探究）
5.图5.3-6所示电路中，继电器的作用是什么？为什么使用继电器？并联在电磁继电器上的二极管有何作用？能否换成一个普通电阻？	知道集电极的电流无法使灯泡正常工作，需要通过触发继电器使灯泡通电（科学思维） 知道继电器断电时产生自感，并联二极管的作用是保护三极管（物理观念、科学思维）
6.请连接电路，并解释图5.3-6所示电路的工作原理	能按照电路图连接电路，并正确解释电路工作原理（科学思维，科学探究）
7.学校的楼道灯，需要在晚上有人时自动开启，开启楼道灯需要几个条件？它们是"与"还是"或"的关系？需要什么传感器？你能粗略描述一下电路结构吗？	能对楼道灯的功能需求进行分析，能判断两个条件之间"与"的关系，能选用合适的传感器（物理观念） 能对一个功能的实现提出自己的设计思想（科学思维）

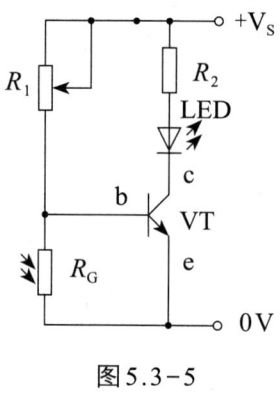

图5.3-5

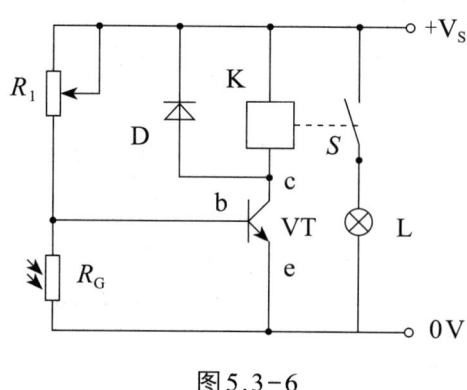

图5.3-6

教学建议

（1）思维引导建议。在功能分析时，让学生将无光照或少光照对应灯亮，有光照对应灯灭的状态归纳出来，再让学生分析通过什么器件来实现自动控制功能。由"光敏电阻与三极管直接控制LED灯"到"把它作为一个开关信号，引发开关动作"是自动控制思维的一个突破，在这里应给学生充分的讨论机会。三极管的功能与三个接线脚在电路中的接法对学生来讲是一个难点，可以让学生从电势的高低、电流的强弱，串并联电路的关系等角度进行分析。

教学思路参考：无光照时，光敏电阻阻值变大，电路中电流变小，发光二极管与它应该是串联还是并联？光敏电阻与发光二极管并联从理论上来说似乎可行，但真实情况是由此引起的电流变大也许可以使二极管发光，但不能让路灯发光，所以与上个实验类似之处是把这个光信号作为一个开关信号，引发开关动作（思维方法的迁移），让路灯发光。有光照时三极管处于导通状态吗？原理是什么？要在天更暗时点亮路灯，R_1应该怎样调节？图5.3-6中继电器开关状态与光敏电阻变化之间的对应关系是什么？与路灯相比，楼道灯的功能需求增加了什么条件？你能把两个条件对应的楼道灯亮暗关系列出来吗？

（2）教学活动建议。问题1让学生独立思考后回答；问题2让学生看书后回答；问题3让学生看书后回答，其他同学补充；问题4让学生进行实验验证，小组代表展示；问题5让学生独立思考后回答，其他同学补充；问题6让学生进行实验验证，小组代表展示；问题7让学生独立思考后回答，其他同学质疑并补充。

任务6　了解自动晾衣架的功能需求与电路设计

问题情境：教师展示图5.3-7所示自动晾衣架工作示意图。下雨时，晾衣架收回；天黑时，晾衣架收回。教师提出表5.3-6所示问题，要求学生回答，培养学生的核心素养。

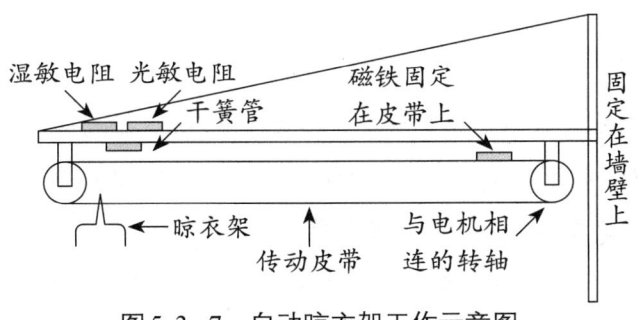

图5.3-7　自动晾衣架工作示意图

表5.3-6　任务6中的问题及问题指向的素养目标

问题	问题指向的素养目标
1.晾衣服时对应的几个天气环境状态是什么？可以用什么电学元件设计传感器来感知这几个环境状态？	会分析自动控制装置如何感知环境状态（科学思维） 知道常用的传感装置功能（物理观念）
2.在不同的天气环境下，自动控制装置需要采取什么动作措施？	会分析自动控制装置的设计需求（科学思维）
3.传感器与动作之间通过哪些控制装置进行传输信号？	知道常用功能的自动控制电路（物理观念） 能够在简单的组合设计中识别常用的功能性自动控制电路（科学思维）
4.分析电路图5.3-8，看能否实现收衣服的自动控制？若要求晾衣架收回之后还能根据天气情况自动晾出去，该如何改进设计？	能够分析、评价较复杂自动控制电路（科学思维、科学态度与责任）

电路分析：通过光敏电阻、湿敏电阻与三极管等元件连接，通过继电器控制两个并联的开关，再与常闭式干簧管串联，共同控制电动机电路的通断从而实现所需的功能。

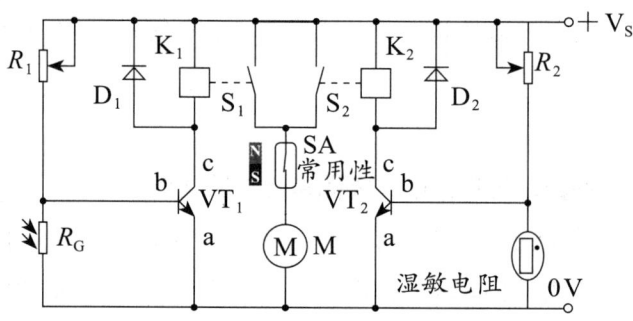

图5.3-8　自动晾衣架工作电路图

教 学 建 议

（1）思维引导建议。本部分属于拓展学习内容，供学有余力的学生拓展学习，也可以作为教学设计的引课素材。本系统的电路部分较为复杂，可以将系统分为电机工作部分与环境感知部分让学生分别分析。电路系统对应有两个控制部分，可以先单独分析其中的一个，例如下雨时，通过湿敏电阻将信号传递给控制装置，控制装置打开电动机，电动机通过传动皮带将晾衣架收回，当磁铁靠近干簧管时，干簧管将信号传递给控制装置，关闭电机，收衣动作结束。接下来，再分析天变暗时的自动控制原理。

（2）教学活动建议。问题1、2、3可以让学生以列表的形式写出来，并通过投影展示、评价；问题4可以让学生评价电路的可行性并阐述原理，也可作为课外分组学习的内容。

五、教学设计点评

本节课的传感器、继电器和三极管都是学生较为生疏的内容，通常设计教学时侧重于分析、解释和实验验证的学习方式，即在通常教学中会以"情景介绍，功能分析，电路分析，实验讲解，学生实验"的教学流程组织学生学习。但这样的教学方式忽视了学生主体作用的发挥，不能很好地体现新课标强调的"解决生活中实际问题"这一要求，也缺乏对学生科学探究素养的提升。

本教学设计从指向核心素养的学科实践教学角度考虑，利用本节素材，让学生在真实情境中，运用物理学科的概念、思想与工具，整合心理过程与操控技能，通过分析、设计、实验、实践等方式，解决真实情境中的问题，即形成一节"设置真实情境，提出真实需求，应用物理规律，设计合理方案，选用合适器材，实验验证效果"为主要环节的学科实践型物理课，充分发挥了这个内容独特的学科实践价值。

从"物理观念"角度看：经历任务1、5、6三个真实生活情境中的问题解决过程，帮助学生建立"传感器可以用于生活实际，其应用具有普遍性和多样性"等物理观念；经历任务2、5、6中将开关门信号、光强弱信号和晴雨的干湿信号通过传感器转化为电学信号这一过程，深化了学生的物质观、转化观。

从"科学思维"角度看：通过任务3、5、6的电路设计，充分体现了电路模型建构、演绎推理、科学论证、批判质疑等科学思维方法，提升了学生推理的能力、质疑的方法和论证的意识。

从"科学探究"角度看：经历任务1、5、6三个情境中问题的提出、需求的分析、实验的论证、现象的解释、结果的交流过程，培养了学生分析问题确定任务目标的能力，处理信息设计实验方案的能力，动手操作完成实验制作的能力，分析现象解释实验结果的能力等。

从"科学态度与责任"角度看：经历真实问题和实验体验等完整的实验过程，培养学生大胆猜想、严密推理、实验验证的严谨科学态度和实事求是的科学责任；在师生互动、生生交流中，培养学生主动学习和与人合作的科学态度。

因此，本教学设计很好地体现物理核心素养的培养目标，并在各个教学环节中得到有效落实。

浙江省缙云中学　江险峰